Le magnétisme à la recherche d'une position sociale.
Sa théorie, sa critique, sa pratique. Précédé d'une LETTRE-
PRÉFACE DE VICTOR HUGO. Volume in-18. E. Dentu,
éditeur, 1866. (*Ouvrage épuisé.*)

**Traité pratique des maladies de l'appareil génital de
la femme.** Suivi d'une notice *sur la stérilité* et le moyen
d'y remédier par la FÉCONDATION ARTIFICIELLE. Volume
in-18. Adrien Delahaye, éditeur, 1877. (Ouvrage dont
les trois éditions sont épuisées.)

**Conseils d'hygiène et d'alimentation pour tous les
âges de la vie,** résumés en trois mille aphorismes. Volume in-18 de 500 pages (2ᵉ édition). Adrien Delahaye
et Lecrosnier, éditeurs, 1880. Prix : 5 fr.

**Contribution à l'histoire de la fécondation artifi-
cielle.** (Thèse refusée par la Faculté de Médecine de Paris
le 28 juillet 1885.) Ouvrage très rare. Journal Barral, 45,
rue de la Harpe, Paris. 25 fr. le volume, avec planches.

Le livre des mères, adressé au Comité du Concours universel de l'enfance, en 1886. (Ouvrage couronné.) Chez
l'auteur, 14, rue d'Amsterdam, à Paris. Prix : 1 fr.

Nouvelles causes de stérilité dans les deux sexes.
Fécondation artificielle comme moyen ultime de traitement. Un beau volume richement illustré de 230 gravures,
par José Roy, 15ᵉ édition. Marpon et Flammarion, éditeurs. Prix : 5 fr.

EN PRÉPARATION

Le médecin de madame ou *l'Odyssée d'un chaste,* étude
de mœurs contemporaines. Ouvrage illustré par JOSÉ
ROY.

LA

GRANDE NÉVROSE

Il a été tiré de ce livre 50 exemplaires sur papier du Japon,
numérotés et signés des auteurs, à 20 fr. l'un.

CLICHÉS DE LA MAISON A. MICHELET
76, rue de Rennes,

ET

ROUGERON, VIGNEROT ET Cie
118, rue Vaugirard.

ÉVREUX, IMPRIMERIE DE CHARLES HÉRISSEY

La Grande
NÉVROSE

PAR

Le Dᴿ J. GÉRARD

ILLUSTRÉ PAR JOSÉ ROY

PARIS

C. MARPON ET E. FLAMMARION, ÉDITEURS

Rue Racine, 26, près l'Odéon.

vouons que la
France a très
peu de goût
pour les sciences exactes : elle
veut savoir et s'instruire, mais à la condition

qu'on sache utiliser ses merveilleuses facultés de conception et de création; son esprit consiste surtout à saisir l'ensemble des choses sans entrer dans le menu détail des principes.

Le caractère français est surtout resté gaulois, il ne s'assimile aucune langue, aucune science revêche, il ne supporte aucun joug, fût-il celui du pédantisme; il va de l'avant, créant, créant toujours plutôt que de s'astreindre à copier des modèles qui ne satisfont pas complètement son esprit; il veut rester l'étincelle qui allume le phare des autres nations, dût-il ne briller que par des éclairs fulgurants.

On ne refait pas l'esprit d'un peuple qui tient son génie de sa situation topographique et de l'assimilation des produits de sa terre.

La conquête aurait-elle raison de nous que nous resterions encore Gaulois par le cœur et par la tête, nous jouant de nos vainqueurs en les assimilant malgré eux. Notre sol et nos produits sont nos meilleures frontières défensives : quiconque s'engage chez nous court grand risque de perdre sa nationalité et qui-

conque boit ou mange de nos produits remporte
fatalement avec lui des semences de liberté.

Comprenant qu'un auteur n'est lu qu'autant qu'il écrit pour le plus grand nombre,
nous avons essayé de vulgariser la science sous
la forme la plus attrayante et qui répond le
mieux à notre tempérament : amuser en ins-
truisant. C'est du reste l'utile dulci miscere
de nos pères ; nous l'avons adopté.

Les névroses, dont nous allons faire l'histoire, ne sont pas nées d'hier, elles ont existé
dans tous les temps, dans tous les lieux, sinon
dans tous les milieux, mais, il faut bien l'avouer,
c'est un produit des civilisations raffinées, et
notre siècle, avec ses brillantes découvertes,
avec ses besoins de jouissance inassouvis, avec
ses appétits insatiables, devait plus que tout
autre payer son large tribut au minotaure
moderne.

Nous allons essayer de passer en revue
toutes les étapes de cette grande névrose qui
nous enserre de ses griffes redoutables, nous
tâcherons d'en faire comprendre la genèse afin
que l'on puisse d'autant mieux se mettre en

garde contre ses atteintes; nous démontrerons
d'une façon méthodique que quiconque veut
sortir de sa sphère sociale sans avoir en lui
l'étoffe voulue, perd son équilibre vital et
sombre fatalement dans la tourmente d'une
tempête crânienne.

Pour arriver plus sûrement à notre but,
nous nous sommes encore assuré cette fois la
précieuse collaboration de notre vaillant ami
José Roy, qui, par son très original talent de
dessinateur, a su, comme dans notre précédent
ouvrage sur les causes de la stérilité, mettre
en lumière le côté attrayant du livre.

Que ceux qui ont trouvé que la science perdait de sa dignité, en se faisant bonne fille,
se rassurent; la science officielle est largement
représentée en France par des hommes de la
plus grande valeur; nous laissons celle-ci sur
son piédestal immaculé, l'admirant beaucoup
plus peut-être que la plupart de ceux qui
crient au scandale devant la légèreté d'un
dessin; nous voulons tracer à nos lecteurs une
voie moins rigide et moins froide que celle de
nos facultés d'enseignement, heureux si nous

*pouvons ainsi préparer l'esprit des néophytes à
mieux comprendre les beautés de la science
pure.*

Dr *J. GÉRARD.*

Paris, le 1er septembre 1889.

14, Rue d'Amsterdam.

PREMIÈRE PARTIE

LES PIÈCES DU PROCÈS

I

DU SYSTÈME NERVEUX

Si l'on plonge un monsieur quelconque dans une solution bouillante d'acide chromique et d'acide acétique, son corps se dissocie, se désagrège molécule à molécule,

tout disparaît : peau, poils, muscles, os,
tendons, cartilages, tout, excepté le système
nerveux, qui, au contraire, sous l'influence
de cette solution, durcit, jaunit et devient
inaltérable pour toujours. On retire ainsi
du bain : le cerveau, le cervelet, la moelle
épinière et les quarante-trois paires de nerfs
présentant l'aspect de longs filaments, on
dirait la tête d'une naïade sortant de l'onde
avec ses longs cheveux flottants et ruisse-
lants.

Cette image du système nerveux nous
montre que c'est un organe comme un
autre, qu'il a ses fonctions au même titre
que l'estomac, les reins, le foie, les poumons ; rien n'est mystérieux en lui, au moins
quant à   sa constitution ;
on con-
naît très
e x a c t e -
ment son
siège, ses
divisions,

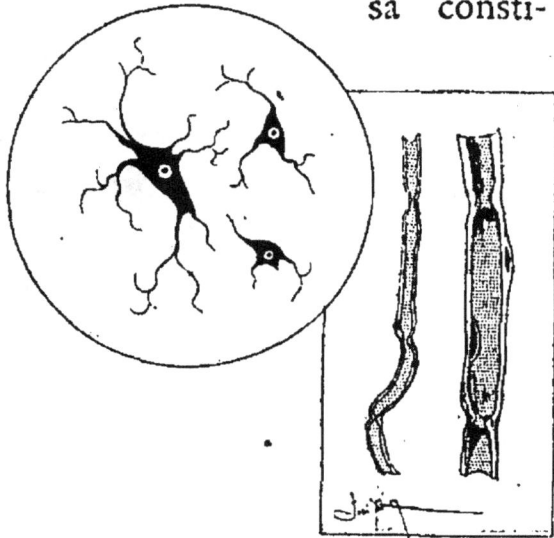

ses terminaisons, ses fonctions et même à peu près ses orages et ses tempêtes.

Le système nerveux n'est composé que de deux éléments fondamentaux : la cellule nerveuse et le tube nerveux. Il est vrai que ces deux éléments sont enveloppés ou reliés par des tissus accessoires dont nous reparlerons en temps et lieu ; mais il est bon de ne pas perdre de vue la simplicité avec laquelle la nature procède pour arriver à ses fins.

Ces éléments du système nerveux : tubes ou cellules, jouissent d'une remarquable immunité au point de vue de la maladie ; on dirait de la quintessence humaine au milieu de toutes les scories de la matière, car notre organisme est composé de parties moins nobles et beaucoup plus sujettes aux altérations que ne l'est le système nerveux.

La nature a même pris de très grandes précautions pour isoler ces cellules nobles du contact des autres éléments plus communs ; partout elle a disposé des organes de protection : boîtes ou gaines, comme

on le fait pour des bijoux rares et précieux ;
ici, c'est une boîte osseuse fort solide, très

résistante, qui abrite le cerveau et le cervelet contre les chocs extérieurs ; là, c'est
la colonne vertébrale, d'une admirable résistance, protégeant le bulbe et la moelle
allongée ; plus loin, ce sont des gaines for-

mées de tissus fibreux, élastiques et lamineux de la plus grande solidité ; en un mot, partout on remarque la merveilleuse sollicitude, l'admirable prévoyance de la nature pour mettre ses éléments les plus précieux à l'abri des perturbations extérieures.

C'est donc bien dans un véritable écrin que se trouve logé le système nerveux, car, depuis sa base jusqu'à ses plus fines ramifications, il se trouve entouré d'une protection efficace, toujours directement proportionnelle au rôle que joue l'organe recouvert dans les phénomènes complexes de la vie.

Les précautions prises par la nature pour soustraire le système nerveux aux influences pernicieuses du voisinage témoignent de son extrême importance.

Cette sollicitude toute maternelle suffirait à elle seule pour nous montrer le rang qu'occupe le système nerveux dans la gamme des tissus.

Pourquoi donc tant de précautions ?

Parce que les centres nerveux sont préci-

sément le siège de la volonté, du sentiment, du jugement, avec ses deux modes
de manifestation : l'induction et la déduction.

Le cerveau est aussi le siège de la mémoire, des instincts ; il est le laboratoire où
se passent tous les phénomènes de l'intelli-

gence, toutes les transactions psychiques qui font de nous un être... parfois raisonnable.

On comprend donc maintenant les précautions prises par la nature en vue de parvenir à ses fins, c'est-à-dire en vue d'avoir un instrument docile, à peu près inaltérable en tant que substance, et suffisamment protégé pour qu'il ne puisse pas se fausser.

Est-il bien nécessaire de parler ici de l'âme, cette abstraction terrestre fort discutée par toutes les écoles philosophiques, et qui, comme Dieu, cette autre abstraction céleste, synthétise un ensemble de facultés qu'il est bon de laisser dans le domaine de la métaphysique?

Nous voulons étudier, non pas les causes premières, mais les effets de ces causes au seul point de vue des névroses, car le champ d'observation est très vaste en lui-même, les caractères de la maladie sont bizarres, imprévus, fugaces ou profondément enracinés chez les sujets; il nous semble que notre tâche sera suffisamment remplie si nous jetons quelque lumière sur la question.

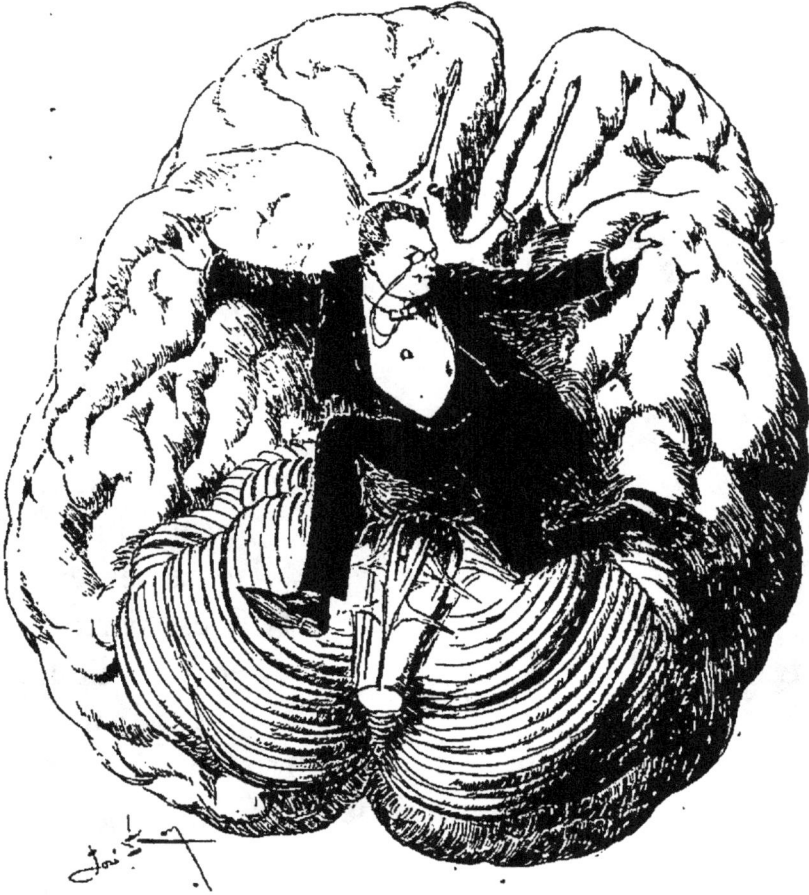

II

PHYSIOLOGIE DU SYSTÈME NERVEUX

L n'est pas un point du corps humain qui ne soit innervé par une branche ou un rameau du système nerveux; il est partout, en tous lieux, présidant à tous les apports qui nourrissent, à toutes les régressions qui dénutrifient. Il ne se

1.

fait pas un mouvement, pas une seule mu-
tation dans la profondeur comme à la surface des tissus, sans que le système nerveux
soit là, dans la personne d'un de ses représentants, pour exciter ou pour modérer la
plus petite fonction; c'est le *Deus ex machina*
par excellence, rien ne se fait sans lui; il
est tout-puissant, distribue la vie ou la
retire selon qu'il fonctionne ou s'arrête;
nous ne disons pas selon son bon plaisir,
car il est le ministre rare et intègre qui ne
fait rien sans que l'impartialité la plus
stricte n'inspire tous ses actes. C'est avec la
paternelle bienveillance d'un désintéressé
des choses d'ici-bas qu'il distribue ses lar-
gesses quand ses réservoirs sont pleins ou
qu'il accorde un secours avec parcimonie
lorsque ses coffres sont à sec. Il a même
dans ses attributs une bienheureuse liberté
d'action lui permettant de donner aux
pauvres aux dépens des riches, il sent le
point faible où les efforts de l'ennemi sont
portés, et, en véritable chef d'armée, il y
dirige ses réserves, et cela, jusqu'à ce qu'il

ait épuisé son dernier soldat au profit de la sécurité générale.

Quelle admirable leçon nous donnent les ministres de la nature ! Aucune sollicitation d'antichambre n'est écoutée, aucune parenté n'a d'influence, aucune recommandation n'a de valeur dans la grande distribution des jouissances de la vie; tout se fait d'après des lois établies, des services

rendus, des anciennetés recommandables ;
des punitions même sont infligées aux
gaspilleurs de la vie par une mise à pied et
une privation de leurs fonctions : frigidité
d'un côté, métrite de l'autre ; ces punitions-
là sont temporaires ou permanentes selon
la gravité des fautes commises, aucun
membre du gouvernement cérébral ne vient
lever l'interdiction si le pénitent n'a pas
fait amende honorable, le genou ployé, un
cierge à la main.

Ah ! c'est que la gérance de notre propriété vitale n'est pas une sinécure ; nous
avons beau être bien bâti, nos matériaux ne
sont pas en silex ; d'autre part, l'animal peu
raisonnable qu'on appelle l'homme, gas-
pille volontiers ses forces au profit de ses
plaisirs, il faut donc retarder la crise finale
par toutes les économies qui sont compati-
bles avec la vie ; pour cela il faut de l'ordre
dans les dépenses et une excellente répartition des réserves.

Aussi la nature se sert-elle d'un gouvernement modèle, d'un ministère impeccable

et d'un système de répartition des impôts
et des recettes, tels qu'aucune royauté, aucun empire, aucune république même ne
nous en donnent l'image.

Le cœur a, dit-on, dans tous les traités de
physiologie, un travail forcé : il est con-
damné à battre de la naissance à la mort,
sans trêve ni repos, il ne s'arrête pas une

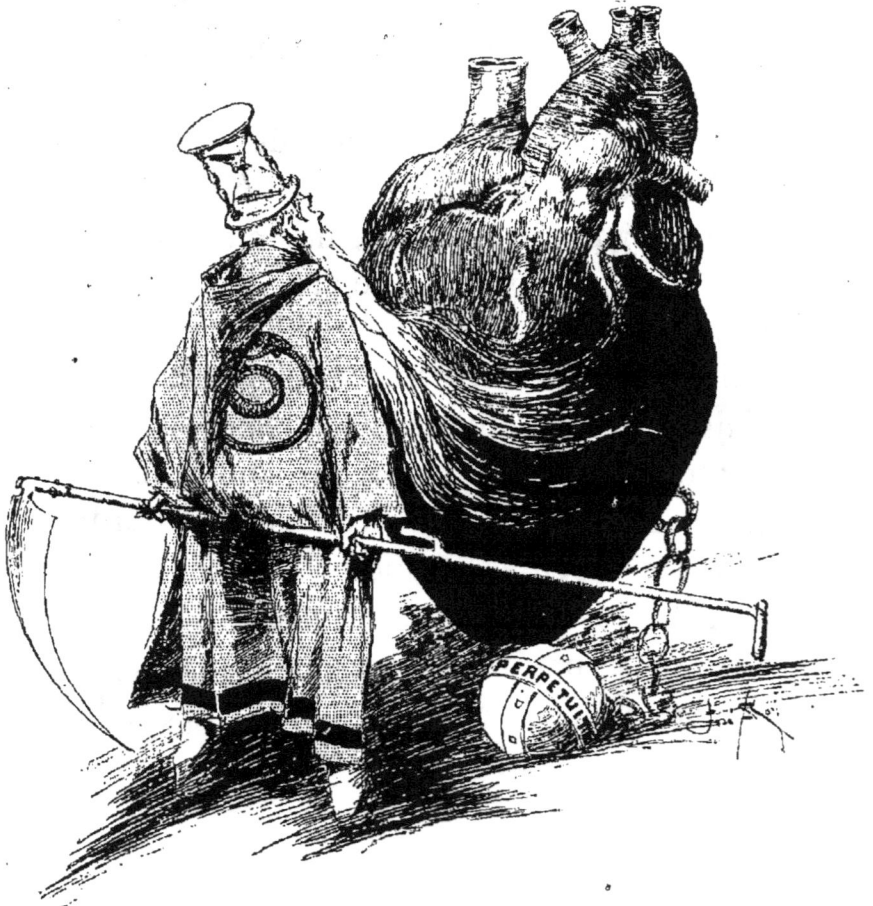

seule minute, il accomplit un travail de géant qui dépasse tout ce qu'on peut imaginer.

A l'aide d'un cardiomètre, on a mesuré très exactement sa force motrice qui a été de un kilogramme soulevé à un mètre de hauteur par seconde [1], ce qui équivaut pour une vie moyenne de cinquante ans à l'élévation d'une masse de un milliard cinq cent soixante-seize millions huit cent mille kilogrammes à un mètre de hauteur, ou au poids d'un kilogramme élevé à un million cinq cent soixante-seize mille huit cents kilomètres de hauteur. N'est-ce pas absolument prodigieux ? L'on se demande quel est le piston d'acier qui résisterait à un semblable labeur !

A ce compte, le cœur de notre vaillant centenaire M. Chevreul, le doyen de nos étudiants, aurait élevé dans sa vie, à un mètre de hauteur, un poids qui ne serait pas moindre que 25 fois notre arc de

[1] Soit la 75e partie du cheval-vapeur.

triomphe de l'Etoile, qui pèse cent vingt millions de kilogrammes, ou, pour être encore plus exact, son cœur aurait soulevé un poids égal à 430 fois celui de la tour Eiffel, qui ne pèse pas moins de sept millions de kilogrammes.

N'est-ce pas là un travail fantastique et ne devons-nous pas nous incliner devant une telle puissance?

Mais, qu'est-ce que ce travail d'hercule, si nous le comparons un seul instant à la dépense des forces nerveuses fabriquées par le cerveau ? Le cœur n'est qu'un modeste viscère, il ne bat que parce que l'influx nerveux le met en mouvement, sans quoi il s'arrêterait net; à côté du cœur, nous avons les poumons dont le jeu régulier d'amplitude et de retrait n'est pas moindre ; nous avons l'estomac dont la puissance digestive peut être aussi calculée en kilogrammes de travail ; nous avons tous nos autres viscères dont le travail chimique

d'élaboration se calcule en équivalence de forces dépensées; nous avons encore le travail intellectuel ou mental qui dépense des forces prodigieuses pour les uns, mais toujours considérables, même pour les moins bien doués sous le rapport de l'intelligence, nous avons le travail manuel de tous les instants qui dépasse de beaucoup le travail fourni par le cœur, et enfin, pour ne parler que d'une simple force mise en jeu tous les jours, citons le transport permanent d'un lieu dans un autre de nôtre corps qui ne pèse pas moins de soixante-quinze kilogrammes en moyenne.

Or, toutes ces forces dépensées, quelque incalculables qu'elles paraissent, n'émanent que d'une seule source : de l'influx nerveux élaboré par le cerveau et mis à la disposition des divers organes par l'intermédiaire des nerfs, ses distributeurs naturels. On s'étonnera donc beaucoup moins, connaissant cette source de forces prodigieuses emmagasinées par le cerveau, lorsqu'on verra la description, au cours de cet ouvrage, des orages et des tempêtes qui se passent sous ce crâne dont l'éclatement peut sembler tout aussi naturel que celui d'un obus chargé de mélinite faisant explosion au premier choc.

III

DES SOURCES MYSTÉRIEUSES
DE LA VIE

OUS venons de voir que les forces produites par les centres nerveux dépassent tous les calculs de l'entendement. Il n'est pas une locomotive en fer forgé — toutes proportions gardées — qui puisse fournir de telles forces dans sa période de service; il n'est pas un instrument en acier trempé, si merveilleusement combiné qu'il soit, qui puisse lutter avec la résistance de nos organes, quelque délicats qu'ils paraissent et qu'ils soient réellement ; il n'est pas un ingénieur, si habile soit-il, qui puisse obtenir d'une machine l'utilisation complète des forces produites.

La nature, au contraire, semble rendre au centuple ce qu'on lui donne à brûler, et, pour un kilo de combustible qu'on lui prête sous forme d'aliment, elle rend une somme de travail qui dépasse toutes les présomptions.

Et cependant, rien ne se crée de rien, *ex nihilo nihil*, mais on ne sait pas assez où nous empruntons ces forces, qui n'ont au fond rien de mystérieux si l'on veut bien jeter un coup d'œil sur le milieu qui nous entoure.

Dans un livre de Camille Flammarion, *La pluralité des mondes habités*, nous lisons ceci : « Il est certain que la vie est partout; « elle n'est peut-être pas calquée sur nos « types — la nature ne se répétant ja-

« mais, — mais on la sent, on la devine
« aussi bien dans Mars, dans Jupiter que
« sur la terre ; les hommes, dissemblables
« peut-être, n'y ont pas les mêmes goûts,
« c'est possible, ni les mêmes allures, ni
« les mêmes besoins, mais peu nous im-
« porte que les uns soient obligés de man-
« ger pour vivre, alors qu'il suffit peut-être
« aux autres de respirer pour obtenir le
« même résultat. »

En effet, manger n'est pas une nécessité
absolue, c'est une nécessité relative au
monde que nous habitons et si nous ne
trouvons dans notre atmosphère que deux
ou trois principes élémentaires : oxygène,
azote et un peu d'hydrogène provenant de la
vapeur d'eau, nous pourrions très certainement, si nous étions dans un autre milieu,
y trouver les autres principes qui sont nécessaires à notre entretien ; les poumons
feraient alors à eux seuls — à notre très
grande satisfaction — l'office d'estomac.

Mais si notre atmosphère, telle qu'elle
se compose, nécessite un estomac, et par-

tant l'obligation pour nous de trouver des
aliments pour le satisfaire, il est juste que
nous rendions grâces à la providence, pour
la très grande faveur qu'elle a bien voulu
nous octroyer, car, si nous avons un estomac exigeant, nous avons tout au moins des
poumons qui ne le sont pas ; il nous suffit
de respirer, même en dormant, pour emmagasiner en nous des quantités prodigieuses
d'oxygène et c'est précisément, de tous nos
aliments, celui dont nous faisons la plus
grande consommation.

Nous voit-on obligés, pour satisfaire à

nos besoins, de pomper nuit et jour le bien-
heureux gaz que la nature nous fournit
avec tant de libéralité et pour lequel elle
pousse la complaisance jusqu'à nous mettre
la table sous le nez ?

L'Etat, qui met des impôts sur tout, ne
songe même pas à nous imposer les milliers
de mètres cubes d'oxygène que nous respirons ; il est vrai que l'impôt des portes et
fenêtres est un commencement, mais la
douane n'a rien à réclamer pour ce produit;

espérons que nos législateurs n'y penseront pas.

Voilà donc la grande source de nos forces toute trouvée, on voit qu'elle n'est pas mystérieuse, qu'elle est toujours à notre disposition, que nous pouvons en user et en abuser sans jamais avoir à le regretter; c'est notre principal aliment et nous plaignons sincèrement ceux qui s'en privent bénévolement, en s'empilant, sans nécessité, dans un air confiné où ils tarissent sûrement les sources premières de la vie.

Nous devons ajouter, pour compléter notre chapitre sur la connaissance des sources de la vie, que nos aliments, solides ou liquides, ne sont pas directement utilisables tels que nous les prenons; le tube digestif est obligé de les élaborer par un long travail de décoction, de digestion et de filtration pour finalement les amener à l'état liquide ou gazeux, seules formes sous lesquelles ils viennent réparer les pertes de l'organisme.

En un mot, le corps humain n'est qu'un

composé de gaz condensés, pressés et soli-
difiés par une force d'attraction qu'on
nomme *affinité ;* la jeunesse seule a la puissance de l'*affinité centrifuge* portée à son
maximum de puissance; l'âge mûr, au
contraire, n'a plus que l'*affinité indifférente,*
et il ne reste plus à la vieillesse extrême
qu'une *affinité centripète,* c'est-à-dire que
ces gaz dont la condensation forme seule
nos réparations, se groupent mal et laissent
arriver la déchéance des tissus par défaut
d'attraction au centre.

Et maintenant, pour terminer ce pro-
logue qui était nécessaire, nous allons dire
comment la nature se comporte et quel est
le mode économique dont elle se sert pour
utiliser toutes ses forces et atteindre son
but.

IV

ÉCONOMIE VITALE

I par la pensée — faisant

abstraction
de nos con-
naissances
— nous

nous élevons à 20 kilomètres au-dessus de
notre planète, nous voyons celle-ci rouler
dans l'espace comme un immense globe,

sans même apercevoir ses montagnes et ses
mers et nous disons : voilà un *être unique*
dont nous aimerions à connaître la vie. Si
nous nous rapprochons de la terre de quelques kilomètres, nous commençons à voir
des aspérités : chaînes de montagnes, pics
élevés, lacs étendus; alors nous commençons à croire que la terre est un composé
de choses différentes. Si nous descendons
encore ou si nous nous servons d'une
lunette, nous sommes étonnés de voir de
grandes villes, des villages et jusqu'à des
maisons isolées, et nous nous disons : déci-
dément, ce que nous prenions pour un être
unique doit être une vaste mosaïque com-
posée de toutes sortes d'éléments hétérogènes que nous aimerions à voir de près.
Nous descendons encore et nous voyons
des êtres différents se mouvoir, aller, courir,
s'embrasser, s'égorger, se manger et disparaître.

Nous mettons enfin le pied sur le sol,
nous prenons un de ces êtres et nous nous
disons : cette fois nous tenons enfin un

spécimen qui a bien son individualité propre, c'est *l'unité* que nous cherchions, bien différente, il est vrai, de ce globe immense aperçu tout à l'heure; mais, au moment où nous allons prendre des notes, nous nous apercevons que cet être est recouvert d'une enveloppe et qu'au-dessous il pourrait bien y avoir quelques nouvelles surprises. Et alors prenant un scalpel, nous trouvons successivement des viscères d'aspects divers, des organes nombreux ayant tous des fonctions différentes; puis nous nous munissons d'un microscope et nous le promenons sur le premier tissu qui nous tombe sous

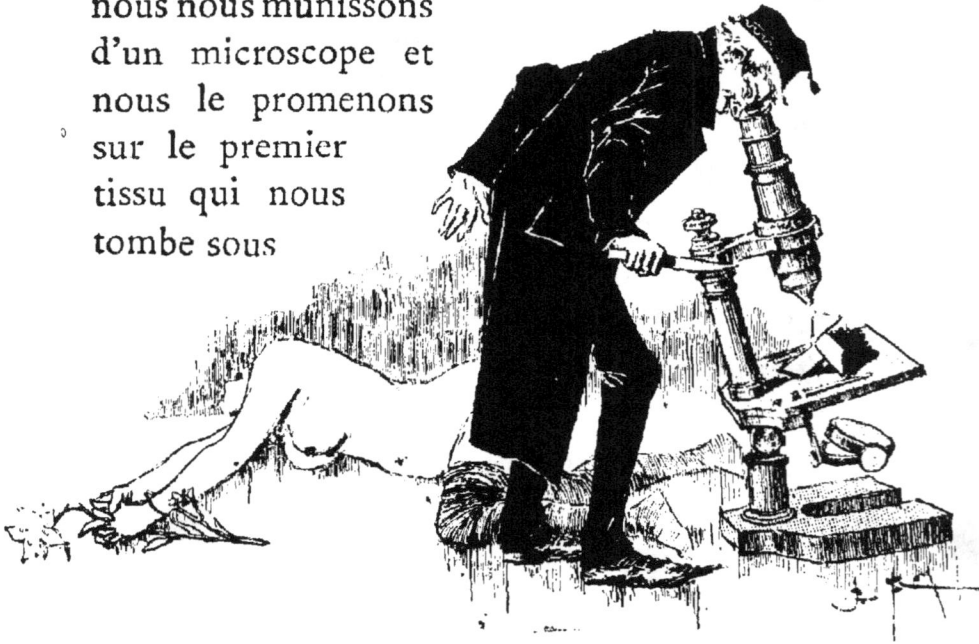

2.

la main; là, nous voyons des cellules qui ont une vie propre, un mode alimentaire particulier, un développement spécial et une fin indépendante de l'être entier.

C'est bien à la cellule que nous voulions en venir, nous avons pris un long chemin détourné, mais on nous le pardonnera en raison de la similitude de forme, car la terre n'est qu'une cellule de l'espace, et, ici comme là, nous sommes en présence d'une *monade*, c'est-à-dire un rien vu de loin, tout un monde vu de près; absolument le contraire des *bâtons flottants* de la fable.

Voici donc une cellule qui passe sous le champ de notre microscope, qu'apercevons-nous? A un faible grossissement, nous voyons une sphère avec une pellicule enveloppante, et au centre un noyau; entre le noyau et la pellicule il existe tout un monde de granulations, s'agitant comme des diables dans un saint-ciboire; si nous augmentons notre grossissement, nous voyons toute une fourmilière en activité, des mouvements giratoires qui nous sem-

blent décadents et incohérents, mais, si l'on examine mieux, on y trouve de véritables harmonies; les fines granulations pénètrent par un point de l'enveloppe qui nous semble une bouche, elles dansent, s'agitent, s'amusent, dorment, luttent, s'accouplent et finalement meurent en sortant par un point diamétralement opposé à la bouche, s'appelant dans toutes les langues...
une porte de derrière. En faut-il donc davantage pour conclure que tout ce petit monde a sa raison d'être? que là comme ici, on entre dans la vie pour s'agiter, se démener comme des pantins, se dévorer et disparaître?

Mais, en disparaissant, les fines granulations ont, comme nous, leur cimetière, elles rentrent dans le grand tout pour s'y décomposer et servir d'engrais.

Or, cet engrais est précisément le combustible qui alimente nos centres nerveux, la nature tire parti de tout; et, comme nous n'avons pas de nécropole à proximité, tout est brûlé, fluidifié, vaporisé; notre

boîte cranienne est le grand four crématoire
où tout passe, s'alambique, se distille; la
cendre elle-même est brûlée, rendue aux
cellules parentes sous forme de courants
nerveux ou de passions satisfaites; on ne
peut pas pousser plus loin les mesures
économiques.

u'ON ne nous en veuille pas trop si tous ces titres de chapitres font peur; cela sent la science d'une lieue et rien n'est assommant comme de lire une description détaillée du système nerveux, même dans Luys ou dans Duval, pour des gens qui aiment à lire pour se distraire; mais qu'on se rassure bien vite, nous avons trop le respect des convenances pour ennuyer nos lecteurs et nos chapitres n'ont la forme scientifique que dans leurs titres.

Nos centres nerveux fabriquent constamment de l'électricité; c'est leur principale fonction; nos deux lobes cérébraux sont deux puissantes piles toujours en activité; la substance blanche est toujours en opposition avec la substance grise, et toutes deux sont en perpétuel travail d'enfantement; ce sont zinc et charbon décomposant sans cesse les produits de désassimilation qui leur sont fournis par les vaisseaux d'apport.

Notre cerveau est un véritable appareil dynamo-électrique polarisant, à jet continu, des éléments neutres pour les emmagasiner dans nos ventricules cérébraux; ceux-ci peuvent être comparés à de simples accumulateurs toujours chargés; ce sont les éternels cinq sous dans la poche du Juif-Errant; toujours l'électricité est en tension, prête à porter des ordres dans l'économie ou à

recevoir des dépêches agréables ou douloureuses venant de l'extérieur.

Ces ventricules, qui communiquent tous
entre eux, sont au nombre de quatre et
semblent admirablement disposés pour remplir ces fonctions : un ventricule dans chaque lobe, un·ventricule moyen à la base
des deux lobes, et le quatrième dans l'épais-
seur du cervelet, ce dernier communiquant
directement avec l'épendyme ou canal de
la moelle épinière.

L'électricité est-elle emmagasinée dans
les ventricules latéraux avec des noms contraires, c'est-à-dire, le lobe droit reçoit-
il seulement l'électricité positive, tandis que
le gauche ne reçoit que l'électricité néga-
tive? Ou bien, chaque ventricule reçoit-il
ses deux tensions contraires ? Peu nous
importe, c'est là un problème de physiologie qui trouvera un jour sa solution;
tenons aujourd'hui pour certain le fait brutal que nous constatons : de l'électricité ou
de l'influx nerveux, comme on voudra l'appeler, existe certainement à une haute ten-

sion dans nos centres nerveux, cette tension
est capable de provoquer des mouvements
tétaniques ou épileptiformes d'une durée et
d'une force considérables à certains moments
chez des malades, témoins : les crises de
tétanos, d'épilepsie ou d'hystérie que nous
pouvons facilement constater.

Or, cette tension n'existe pas seulement
à l'état de maladie, elle existe toujours dans
l'état de santé le plus parfait, nous pourrions citer pour preuve : que, toujours,
à tous les instants, nous pouvons simuler
ces affreuses maladies, pour peu que nous
ayons le courage de dépenser des forces
nerveuses équivalentes à celles dépensées
par les malades.

Nous n'avançons donc pas ici une simple
hypothèse lorsque nous affirmons que les
centres nerveux sont les *accumulateurs naturels* de forces considérables, que ces forces
sont rendues disponibles sous l'influence
de la volonté pour tout ce qui regarde les
actes de la vie de relation ; cela est indé-
niable ; nous n'affirmons qu'un fait indiscu-

table, qui nous servira de base pour entreprendre l'histoire de nos grandes névroses;
ce n'est pas pour le vain plaisir de faire
montre d'érudition que nous exposons, dans
la première partie de cet ouvrage, la constitution sommaire du milieu dans lequel
vont évoluer les orages du système nerveux; nous voulons
faire toucher du doigt le *comment*
et le *pourquoi* de ces orages; trop
heureux si nous pouvions ainsi
apporter notre pierre à l'édifice
de nos connais-sances physiolo-giques et mo-rales.

D'une part, tous les détra-

qués de l'esprit ont été mis en scène d'une
façon fort remarquable par nos romanciers
et par nos moralistes; d'autre part, tous les
organes des centres nerveux ont été étudiés
d'une façon fort minutieuse par nos anatomistes et nos physiologistes; il appartenait à
un semi-savant et à un semi-lettré de relier
ces deux points de vue si différents d'allure
et de forme par un pont qui fasse saisir l'ensemble du sujet, tout en abrégeant la route
et en la parsemant, çà et là, de sites origi-
naux et d'aperçus nouveaux; c'est ce que
nous essayons de faire ici.

Pour ne pas compliquer la situation,
débarrassons-nous bien vite de tous ces *im-
pedimenta* inutiles et retenons de l'homme
moins qu'un grain de sable, c'est-à-dire la
cellule la plus infime, telle que nous la
connaissons, formée d'une enveloppe, d'un
noyau central, d'un liquide entre le noyau
et l'enveloppe dans lequel s'agitent de fines
granulations. Exagérons même cette cellule
pour la faire mieux comprendre.

Cette figure ne peut d'ailleurs nous don-

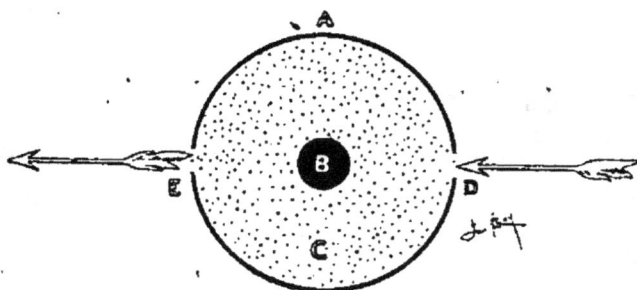

CELLULE. — A, pellicule d'enveloppe. — B, noyau du centre. — C, fines granulations. — D, ouverture buccale. — E, ouverture anale.

ner une idée exacte de la vie prodigieuse qui existe au sein de cette cellule, car le repos est l'emblème de la mort. De même qu'une photographie de Paris ne nous donnerait pas une idée du mouvement de ses boulevards; de même, pour que nous concevions la cellule, il faudrait la voir en mouvement. Or, rien n'est plus facile si nous voulons nous servir d'un petit appareil de physique très connu des enfants : lorsqu'au centre d'une sphère creuse on place un noyau métallique et qu'entre ce noyau et la sphère on jette une poignée de petites balles de sureau, si l'on vient à faire passer

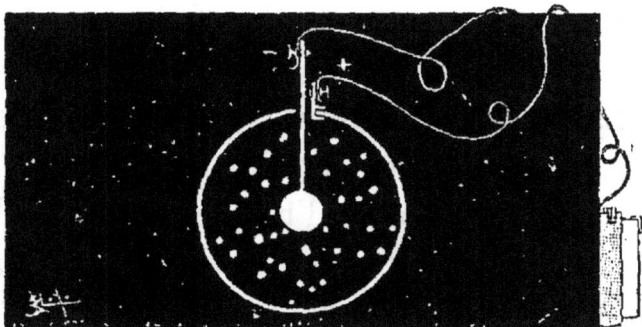

des courants électriques de noms contraires
dans la sphère et le noyau, on assiste à une
épouvantable sarabande des petites balles,
allant d'un point à un autre avec une
vitesse vertigineuse. Nous avons alors l'emblème de la vie qui n'est autre que le
mouvement.

La loi est exactement la même pour nous ;
toute cellule qui reçoit l'influx nerveux se
conduit exactement comme cette sphère à
noyau, nos fines granulations s'agitent
comme les balles de sureau et, tant marche
la machine, tant sautent les fines granulations, mais lorsqu'elle s'arrête, adieu noyau,
fines granulations et pellicule d'enveloppe ;
le tout se disloque, disparaît, s'anéantit

pour faire place à d'autres cellules plus jeunes, plus alertes, moins fatiguées de la vie.

La cellule que nous venons de décrire possède encore une certaine résistance ; c'est déjà quelqu'un dans l'histoire du monde ; elle a eu sa naissance, son heure de joie, ses souffrances, elle aura sûrement sa mort, après avoir bien vécu ; ce n'est pas ce qu'on nomme un *éphémère*, elle stationne dans l'économie, elle y joue un rôle, c'est un élément figuré qui tient sa place ; il n'en est pas ainsi des fines granulations qui s'agitent sans cesse ; ce tourbillon de poussières nutritives pénètre par l'orifice d'entrée, roule ses volutes en spirales allant du noyau à la voûte cellulaire, s'attache, se détache, roule encore pour disparaître bientôt par la porte de sortie ; c'est en un mot l'histoire de nos aliments qui sont pris, broyés, triturés, digérés, fluidifiés, pour finalement disparaître après avoir joué un rôle modeste dans notre économie.

L'image de cette cellule nous montre ce

qui se passe dans notre corps, les lois sont
les mêmes, rien ne différencie la partie du
tout; et lorsque nous assistons aux phases
qui se passent dans une cellule, nous voyons
en miniature l'histoire d'un homme, bien
mieux, nous voyons l'histoire complète des
mondes !

VI

FORCE NOUVELLE. — MOTEUR KEELEY

OICI qu'au moment où nous corrigions les épreuves du chapitre précédent, dans lequel nous relations les vertigineux mouvements atomiques de la cellule, il nous tombe sous les yeux un article du *Figaro* du 2 septembre 1888, signé « Jules Lermina » et annon-

çant que la veille M. le colonel Le Mat a
présenté à M. Chevreul, à l'occasion de
son 103ᵉ anniversaire, « les prémices d'une
grande découverte devant révolutionner,
non pas seulement la mécanique moderne,
mais même et surtout l'organisation sociale
tout entière ».

Or, la description de cette force merveilleuse que son inventeur, M. Keeley, de
Philadelphie, nomme « inter-atomique, »
nous paraît tellement être l'image de ce qui
se passe primitivement dans la cellule et
finalement dans le cerveau, que nous ne
voyons en lui qu'un plagiaire de la dyna-
mique cérébrale; en un mot, il n'a eu qu'à
copier la délicate machine humaine pour
faire une merveilleuse découverte, la plus
gigantesque peut-être que le monde aura
vue.

Il est bien entendu que le mot de plagiaire ici ne peut avoir rien de blessant pour
l'inventeur américain, car il faut avoir une
bien grande puissance d'assimilation pour
lire couramment dans le livre ouvert de

la nature et savoir interpréter ses belles lois; c'est donc avec une profonde admiration que nous rendons hommage ici à ce savant.

Nous allons essayer de décrire la simplicité de ce merveilleux appareil mis en mouvement par le *son vitalisé*, pour montrer sa frappante analogie avec l'appareil cérébral, beaucoup plus compliqué, il est vrai, en raison même de la multiplicité de ses productions, non seulement dynamo-électriques, mais encore en raison des transformations de cette force en pure intelligence.

Nous ne chercherons pas à établir un parallèle entre l'appareil nouveau et le mécanisme cérébral, ce qui rendrait obscure notre description sommaire, mais la réflexion suffira pour faire saisir l'analogie des deux appareils.

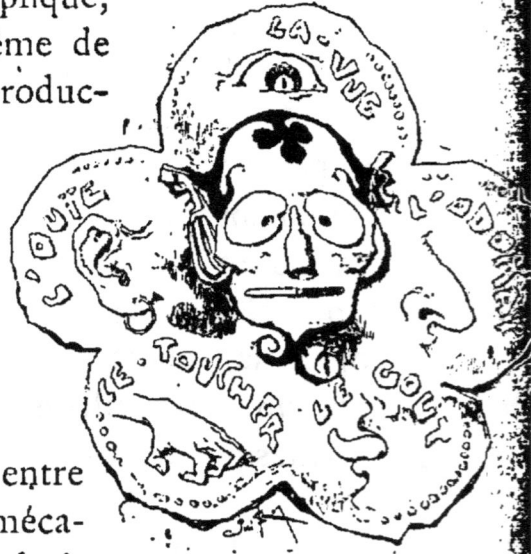

3.

Nous décrirons donc seulement l'appareil de M. Keeley, bien que nous ne l'ayons jamais vu fonctionner, mais l'intuition nous suffira pour démontrer la production de cette singulière force.

Qu'on se figure une sphère métallique ovoïde ayant un diamètre transversal de 75 centimètres; cet œuf de bronze repose sur un tourillon fixé à sa base, mais mobile et libre sur son support, ce qui permet à l'œuf de tourner rapidement sur son pôle inférieur tout en conservant sa rectitude verticale.

Au sommet de l'œuf, autrement dit à sa partie supérieure ou pointue, se trouve un tourillon libre, reposant par son pivot au centre de la sphère, et possédant à sa partie supérieure une gorge en forme de poulie pour y recevoir une courroie de transmission. La partie du tourillon mobile qui plonge dans l'œuf est rayée de cannelures en hélice recevant de plein fouet ce que William Crookes appelle « les bombardements atomiques » qui tendent à s'échapper de la sphère ovoïde par le seul point libre, c'est-à-dire par les cannelures du tourillon mobile.

On comprend que ces milliards d'ondes sonores qui ne peuvent s'étendre au delà des parois résistantes de la sphère viennent lécher les angles vifs des cannelures et produisent sur le tourillon mobile une rotation vertigineuse, déterminant ainsi une force motrice considérable, car, si faible que soit une force initiale, si on la multiplie par des milliards d'unités, elle augmente en proportion géométrique jusqu'à une intensité effrayante; c'est ainsi, dit la relation, qu'on a pu perforer en plein quartz un trou qui ne mesurait pas moins de six mètres de profondeur sur un mètre cinquante de diamètre, cela en 18 minutes !

N'est-ce pas véritablement stupéfiant !

Or, nous avons dit que la force initiale qui mettait cette singulière machine en mouvement était le *son vitalisé*, mais nous n'entreprendrons pas de décrire ici le mécanisme par lequel le son est engendré, puis doublé, triplé, décuplé, centuplé, milliardé par des lames vibrantes et des tuyaux sonores, la théorie des vibrations étant connue en physique, depuis les simples cordes jusqu'à la sirène.

On sait très bien que toute corde tendue et donnant un son harmonique fait vibrer, à distance, d'autres cordes ayant la même note dans les octaves supérieures, et que, finalement, des vibrations basses, qui ne fournissent que quelques rares ondulations graves, vont pouvoir engendrer des ondulations plus rapides et plus aiguës dans les octaves supérieures; cela doit suffire pour démontrer que le nombre des vibrations augmentera proportionnellement avec la hauteur des sons et que ces vibrations vont déterminer des ondulations rapides et nombreuses dans cette sphère limitée par une paroi résistante; il en résultera une tendance prodigieuse à l'échappement de ces ondulations emprisonnées; de là, mouvements giratoires rapides et forces disponibles.

Pour se faire une idée de la puissance du son, il suffit de descendre dans les caveaux du Panthéon et, dans un angle, que le gardien indique toujours, on observe le phénomène suivant : si l'on frappe légèrement du bout de sa canne la pierre du pilastre, on entend aussitôt le son se propager, se répercuter de plus en plus par les échos, pour se terminer finalement par l'épouvantable bruit d'un coup de canon.

D'autre part, chacun a vu les ondulations rayonnantes que produit une pierre jetée dans l'eau; on se rend parfaitement compte que ces cercles, qui vont s'élargissant, augmentent d'amplitude et de force à une certaine distance du point de chute, pour aller mourir plus loin.

On a aussi constaté que ces cercles sont toujours proportionnels au poids,

à la vitesse et à la surface du corps plongeant.

C'est ainsi que l'on remarque que le sillage d'une petite barque est moins impétueux que celui d'un navire ; en revanche on
a été témoin de la force prodigieuse de la
lame de ce dernier sillage contre de frêles
embarcations ; y aurait-il cinquante barques
dans le sillage d'un navire, que toutes seraient secouées et même renversées par ces
ondulations qui sont de plus en plus fortes
à une certaine distance du navire, mais qui
décroissent sensiblement après un certain
éloignement.

Il y a donc une distance déterminée, un
maximum de puissance que Keeley a dû
chercher en vue de donner à son moteur le
diamètre le plus profitable pour obtenir de
ses ondes sonores un maximum de puissance
et d'action.

Il reste à connaître dans ce moteur, les
engins et toutes les dispositions intérieures
qui engendrent et multiplient les forces ;
c'est là une simple affaire de mécanisme,

un simple problème de technologie dans
lequel nous ne pouvons nous engager,
mais qui nous paraît d'une grande facilité
en face de l'idée grandiose que nous entre-
voyons dans cette force nouvelle et dans ses
destinées.

Ce que nous voulons seulement retenir
ici, c'est que cet appareil se modèlera sûrement un jour à l'image de notre organisme,
car notre cerveau est aussi une sphère où
se produisent des vibrations et des ondulations dont nos forces ne sont que la résultante fatale.

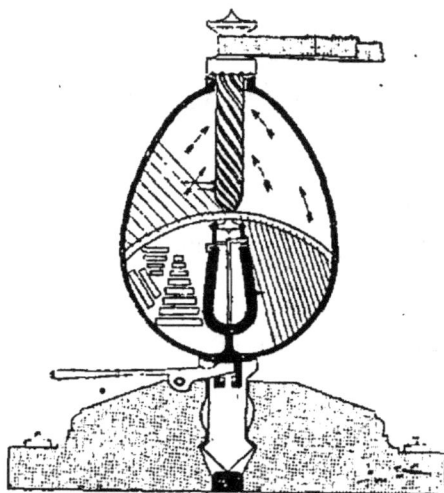

VII

TRANSFORMATION

DES

FORCES

ous venons de voir que les centres nerveux fabri- quaient de l'é- lectricité s'accumu- lant dans des ré- servoirs. Il y a quelque cinquante ans, il nous aurait été peu com- mode de trouver une figure pour faire com- prendre comment les choses se passaient, mais, avec les progrès actuels, chacun con- naît la façon dont se fabrique l'électricité,

car tous nos théâtres et nos grands magasins s'éclairent avec ce nouvel agent, assurément le plus commode, le moins dangereux et le plus propre.

Disons cependant, en quelques mots,
comment se comportent les choses ; cette
description, du reste, servira à faire comprendre ce qui se passe dans notre cerveau,
le mécanisme étant absolument le même,
si ce n'est que notre appareil naturel est
plus parfait et beaucoup moins coûteux.

Une machine dynamo-électrique est ins-
tallée en un lieu quelconque ; elle a pour
but, étant mise en action, de soustraire
au sol son électricité neutre, de la décomposer en ses deux facteurs : positif et né-
gatif, et de collecter sur des accumulateurs
cette électricité ainsi dédoublée.

Dès que les accumulateurs sont chargés,
il y a de l'électricité disponible, c'est-à-dire
qu'on peut allumer sa lampe.

Mais, ce qu'il y a de merveilleux en tout
ceci, c'est que toutes les forces de la nature
peuvent se transformer à volonté. Ne veut-

on pas de lumière, vite, on tourne un bou-
ton et l'on a du mouvement, des sons, de
la chaleur, une action chimique, du magnétisme, etc.; pour un peu on ferait de
l'esprit, tellement ces forces accumulées
se prêtent facilement à toutes les transfor-

mations qu'il plaît à l'ingénieur d'imaginer.

Mais qu'on juge combien notre mécanisme cérébral est supérieur à tous les appareils inventés : pour éclairer l'un de nos théâtres, il faut un très vaste emplacement, une machine dynamo-électrique de la force de plusieurs chevaux, des accumulateurs remplissant tous les sous-sols, une dépense de combustible considérable et d'habiles mécaniciens. Dans l'espèce humaine, tous ces engins sont en miniature, un décimètre cube est toute la place qu'occupe notre cerveau, point de roues, point de pistons, aucun volant, aucune bête pour faire marcher l'appareil, nous nous suffisons. C'est en ce sens que tout homme peut dire comme le philosophe Bias : « *Omnia mecum porto.* »

Nous avons vu dans un de nos précédents chapitres, combien la force produite par les centres nerveux était considérable, puisque nous l'avons évaluée en chiffres connus ; mais, où le merveilleux éclate encore mieux à nos sens, c'est lorsqu'on songe à la mutabilité excessive des forces produites par notre instrument cérébral ; il ne s'agit pas seulement de fabriquer du mouvement, de la chaleur, des sons, de la lumière, des actions chimiques, du magnétisme, nous fabriquons aussi des forces psychiques : de la volonté, du jugement, du raisonnement, de la bonté, de la haine, de l'amour et toute la série des conceptions intellectuelles. Toutes ces merveilleuses facultés sont puisées à la même source et sont toujours identiques à elles-mêmes tant que l'appareil cérébral reste le même; seules, les variations de notre santé sont capables d'apporter une variation dans l'intensité et dans la qualité de nos productions.

C'est avec un maximum de santé physique et morale que nous produisons un maximum de résultats physiques et moraux ; notre travail manuel et nos productions intellectuelles sont toujours directement proportionnels à l'intégrité de notre machine.

De ces données absolument certaines, qui sont basées sur l'observation et enregistrées par la science, il ressort clairement une ligne de conduite que nous devons suivre si nous voulons obtenir un maximum d'*effet* avec un cerveau d'un volume déterminé, car c'est ici comme en mécanique : la plus grosse somme de forces utiles, actionnant le plus petit volume de résistances, aura toujours raison.

VIII

DES APTITUDES CÉRÉBRALES

ES vérités énoncées dans le chapitre précédent, il découle les conséquences suivantes : il est bon de développer le cerveau dès l'âge le plus tendre, c'est-à-dire au moment où les sutures crâniennes ne se sont pas encore ossifiées, car les os du crâne se modèlent exactement pendant l'enfance sur leur contenu, alors que plus tard ils ne sont plus que de simples organes de protection.

D'autre part, le cerveau se développe en raison directe de l'exercice qu'on lui donne. Non seulement cette loi est vraie, mais encore les contours du cerveau se modifient ainsi que ses diamètres en raison même de l'exercice manuel ou intellectuel auquel on le soumet.

Un dicton populaire dit : « Montre-moi tes mains, je te dirai ce que tu fais. » Un anatomiste pourrait dire aussi justement : Montrez-moi un cerveau, je dirai la profession et la valeur intellectuelle de son propriétaire. En effet, si les callosités des mains témoignent d'un travail dur et pénible, les circonvolutions cérébrales témoignent, de leur côté, de l'exercice des lobes qui fonctionnent habituellement, et qui se modifient aussi sûrement que les mains. Nous pourrions citer de nombreuses observations à ce sujet, si nous ne craignions d'entrer dans une étude un peu trop scientifique et par trop technique; mais qu'on

soit assuré du fait, cela suffira pour expliquer les théories qui vont se dérouler.

Dans ces derniers temps, on a fait une
campagne contre le surmenage intellectuel,
préférant, disait-on, faire des gymnastes
bien portants que des bacheliers étiques ;
de là une nouvelle direction donnée aux
études : la force primant la raison.

Nous croyons qu'il y a là une fausse in-
terprétation de la vérité, car on ne surmène
pas un enfant, il s'imprègne de ce qu'il
peut, quel que soit le programme ; en un
mot, il en prend et en laisse selon ses aptitudes ; ce n'est qu'après l'âge de seize ou
dix-sept ans qu'il commence à comprendre
la nécessité de se bourrer le cerveau en vue
d'examens déterminés, et c'est alors seulement qu'il peut être surmené ; mais il est
d'âge à se défendre et à choisir une carrière
autre que celle que ses parents lui imposent
par vanité, s'il sent qu'il n'est pas apte à
saisir les arcanes d'une science trop élevée
car, par ce temps d'instruction obligatoire
à outrance, on a tort de vouloir diminuer

le niveau des études que seuls les privilégiés
de caste et d'aptitudes spéciales ont établi.

C'est, nous semble-t-il, vouloir aller trop
vite aux dépens de l'avenir de notre instruction générale.

Le *niveau* est un emblème démocratique
très respectable en tant qu'image; mais
dans la pratique, c'est une utopie.

4

Pourquoi ne pas raccourcir tous les ci-
toyens dont la tête dépasserait la moyenne
mesure adoptée ?

A l'angle du boulevard Saint-Germain et
de la rue de l'École-de-Médecine se dresse —
pour l'instant du moins —, la statue de l'il-
lustre Broca, le premier fondateur de notre
école d'anthropologie ; aucune statue n'est
mieux méritée et ce savant peut certes supporter la comparaison avec le grand tribun
dont on veut lui substituer l'image.

Or, les recherches craniologiques mises
en honneur par Broca nous démontrent
que les races intelligentes, celles qui conduisent, en un mot, les autres nations, ont
un angle facial beaucoup plus ouvert que
les races nègres qui obéissent ; d'où il suit
que l'étude des lettres et des sciences développe la partie antérieure du crâne.

Ce développement frontal ne s'est pas fait
en quelques années ; de longs siècles ont
été nécessaires pour obtenir ce résultat.

Donc, il serait injuste d'arrêter la marche
en avant de ces fronts qui se redressent,

sous le fallacieux prétexte que les races de la Polynésie ne peuvent pas nous suivre !

Nous voit-on réduits à un niveau intellectuel moyen parce que les Papous de la Nouvelle-Guinée sont en retard ?

Laissons à chacun ses aptitudes et n'entr'ouvrons pas trop vite la porte des hautes études à ceux qui ne pourront pas les suivre avec fruit, car nos fils de paysans, courbés depuis de longs siècles vers le sol, n'ont fait qu'entrevoir un coin du ciel de la science et s'en sont trouvés grisés sans avoir en eux les aptitudes requises pour les aborder avec succès ; leur cerveau n'est peut-être pas suffisamment préparé par des filiations graduelles pour en comprendre toutes les beautés.

Etablissons des catégories dans les études, comme on

l'a toujours fait et comme on le fait du reste encore ; mais ne diminuons pas le niveau des hautes études dans les branches spéciales ; élevons-le au contraire de façon à ne pas encombrer les professions libérales qui s'étouffent ensuite mutuellement, faute de pouvoir vivre à l'aise.

Que ceux qui ne peuvent pas déchiffrer les arcanes embrouillés de la science ou saisir les finesses d'une rhétorique subtile s'arrêtent en route ; il vaut mieux être le premier au second rang que le dernier au premier rang.

Dans tous nos lycées, les premiers sujets trouvent que le baccalauréat est une timbale facile à décrocher, trop facile même ; il semble qu'ils n'ont rien à faire, l'effort étant insignifiant pour eux, tandis que les derniers s'épuisent en vains efforts, ne peuvent suivre et arrêtent d'autant l'essor des premiers. Laissons donc voler ceux qui ont des ailes et retenons les autres dans des carrières où l'ordre, la prudence, avec un léger bagage de science, suffisent pour faire de laborieux commerçants ou d'honnêtes artisans; chacun sera à sa place et nos moutons seront bien gardés.

IX

DES SENSATIONS

OUS possédons cinq sens à l'aide desquels nous sommes constamment en rapport avec tout ce qui nous entoure ; on ne conçoit pas la vie sans eux, pas plus que nous ne percevons notre image sans glace.

C'est à l'aide des vibrations lumineuses que nous saisissons les formes, les plans, les perspectives et les couleurs.

C'est par les vibrations sonores que nous saisissons les sons, leur ampleur et leurs tonalités; c'est encore par le son que nous faisons notre éducation, les mots viennent incruster plus ou moins profondément la cire molle de notre cerveau en y laissant une empreinte fugitive ou indélébile, selon l'impression du moment ou l'intérêt du sujet.

L'odorat nous met en rapport avec les parfums et nous tient en garde contre ceux qui nous sont antipathiques ou nuisibles.

Le goût nous fait choisir les mets qui nous conviennent et rejeter ceux qui seraient contraires à la satisfaction de notre estomac.

Le tact enfin, le plus subtil, peut-être, ou tout au moins le plus exercé de nos sens, nous permet de nous rendre compte des

VUE   OUÏE   ODORAT   GOÛT   TOUCHER

rapports que nous avons avec l'extérieur,
cela sans le secours des autres sens; c'est
lui qui veille et monte la garde autour de
notre corps; le soleil peut luire, le canon
tonner, les fleurs exhaler leurs parfums et
les sauces leurs aromes sans pour cela nous
tirer de notre sommeil lorsque nous l'avons
lourd ou lorsque nous sommes fatigués,
mais le tact, lui, en vigilant gardien qu'il
est, vient aussitôt nous réveiller dès qu'on
touche à notre épiderme; bien mieux, il
sent dès qu'on approche, on l'impressionne à
distance pour peu qu'il soit sensible; c'est la
sentinelle attentive qui fait bonne garde
autour de notre vertu — lorsqu'il nous en
reste — ou de nos organes lorsqu'ils som-
meillent.

La muqueuse possède même une acuité
sensitive plus grande que l'épiderme, une
mouche peut encore se promener sur
notre peau pour peu qu'elle le fasse avec
délicatesse, qu'elle ait la patte légère et la
trompe relevée, mais elle ne marche pas
impunément sur une muqueuse sans rece-

voir aussitôt le juste châtiment de sa témé-
rité.

C'est à cause de cette différence de sensibilité entre la peau et la muqueuse qu'on
a distingué trois sortes de baisers : le cutané.

le muqueux cutané

et le muqueux,

selon qu'il est donné : par des indifférents, joue contre joue ; par un intéressé à quelqu'un qui ne l'est pas, muqueuse contre peau ; ou enfin par deux intéressés, lèvres sur lèvres ; de ce dernier les amoureux se con-

tentent rarement; car, si, d'une part, plus
la muqueuse est fine plus elle est impression-
·nable; d'autre part, plus la muqueuse est profondément située, plus voluptueuse est la
sensation ressentie; c'est ainsi que par entraînement on va plus loin qu'on ne voudrait;
sur ce chemin-là, la pente est toujours
glissante et les chutes sont fréquentes.

Nous sommes donc impressionnés d'une
façon permanente, tantôt par l'un, tantôt par l'autre de nos sens, souvent par
deux, par trois et quelquefois même par
tous les sens à la fois; c'est alors que le jeu
devient dangereux, car ce sont autant de
chandelles allumées et l'on sait qu'il est bon
de ne pas les allumer par les deux bouts,
si on veut qu'elles durent; à plus forte raison ne doit-on pas les attaquer par tous les
points si on ne veut pas les voir fondre
comme beurre au soleil. En outre, les
sensations s'émoussent lorsqu'on surmène
les sens, car alors, pour retrouver leur
acuité normale, on est obligé de les exciter
progressivement et lorsqu'on est entré dans

cette voie, le chemin de l'épuisement est rapide ; il est donc prudent de n'exercer ses sens que les uns après les autres et surtout de ne pas les fatiguer par un exercice trop prolongé ou trop fréquent.

Nous verrons bientôt comment se développent les névroses ; celles-ci n'apparaissent que par la mise en jeu de toutes nos sensations à la fois, ou par l'exercice immodéré de quelques-unes.

Ce que nous devons retenir ici, et qui peut sembler paradoxal, c'est que nous sommes plongés d'une façon permanente dans un bain de voluptés et que la jouissance devient douleur dès qu'on dépasse la juste mesure que peut supporter chacun de nos sens en particulier.

Une douce lumière est

agréable à l'œil, mais lorsqu'elle est trop vive elle le fatigue ou même l'aveugle.

Que cette comparaison soit faite pour chacun de nos autres sens et on aura la sagesse de se prémunir contre *le blus* qui est l'ennemi du *bien* :

Si les hommes sensuels connaissaient les avantages de la tempérance, ils seraient tempérants par sensualité.

X

DU MILIEU AMBIANT

I l'on trempe son mouchoir dans un bain de carmin ou de cirage, on a beaucoup de chances de le retirer beaucoup moins blanc qu'il ne l'était avant.

Qu'on plonge un ange de vertu et de candeur dans un lupanar de la place Maubert, qu'on l'y nourrisse de charcuterie épicée, qu'on l'abreuve

de petit bleu, d'alcool et d'absinthe, qu'on
fasse son éducation en lui débitant les
théories et les calembredaines de la gent
qui porte casquette à trois ponts, on aura
quelques chances d'en faire un fieffé gredin,
surtout si l'on s'y prend de bonne heure.

En effet, le corps humain possède bien
en propre quelques qualités natives, cela
n'est pas niable, mais qu'est-ce que cela en
comparaison des qualités acquises par l'éducation ?

A la naissance, le cerveau est d'une con-
sistance molle, ses circonvolutions sont
frustes, ses départements sont mal limités,
ses aptitudes ne sont pas ébauchées, les
centres de localisation sont encore vierges
d'impressions, tout cela est dans l'attente,
rien ne s'organisera sans l'influence du dehors, qui seule va former, pétrir, ordon-
ner, solidifier toutes les circonvolutions
cérébrales et les diverses aptitudes spéciales
du sujet. Ces aptitudes, qu'on en soit sûr,
ne seront jamais que la résultante de l'exercice qu'on aura donné aux divers casiers

cérébraux par une éducation incessante, présidée par le milieu dans lequel on se trouve plongé. Il en est de cela comme de la langue qu'on parle, de l'accent qu'on a, du soleil qui vous frappe ; si l'on ne vous parle que français, vous ne saurez jamais l'allemand ; si vous êtes du Midi, votre accent ne sera jamais celui du Flamand ; si vous habitez les tropiques, vous n'aurez pas le teint clair d'une Suédoise, etc.

Le bain d'air, de lumière, d'ondes sonores, de parfum, etc., dans lequel nous plongeons est donc bien le seul éducateur qui nous fait ce que nous sommes, il ne faut s'en prendre qu'à lui, nous ne sommes que la

synthèse de toutes les vibrations qui arrivent à nos sens passifs; avant d'être ma-
jeurs, nous ne sommes que de simples
éponges absorbantes, nous ne rayonnons
que lorsque nous sommes mûrs, que
lorsque nos indurations cérébrales ne permettent plus la déformation. C'est alors
seulement qu'étant armés du *triple airain*
dont parle le poète, nous devenons foyers
d'irradiation, centres d'activité, d'où par-
tent des influences utiles ou nuisibles à nos
semblables.

Ainsi, il est de la plus haute importance
de choisir son milieu lorsque le choix est
possible; malheureusement, nous n'avons
pas dès le berceau l'âge du discernement;
ce sont nos parents qui sont les grands
coupables, lorsqu'ils peuvent choisir le
milieu qui nous convient. Mais combien
peu le peuvent faire, retenus qu'ils sont par
la chaîne des dures et implacables néces-
sités de la vie ?

L'enfant est une cible que les dards
environnants viennent frapper sans cesse;

si ces dards sont imprégnés d'un suc bien-

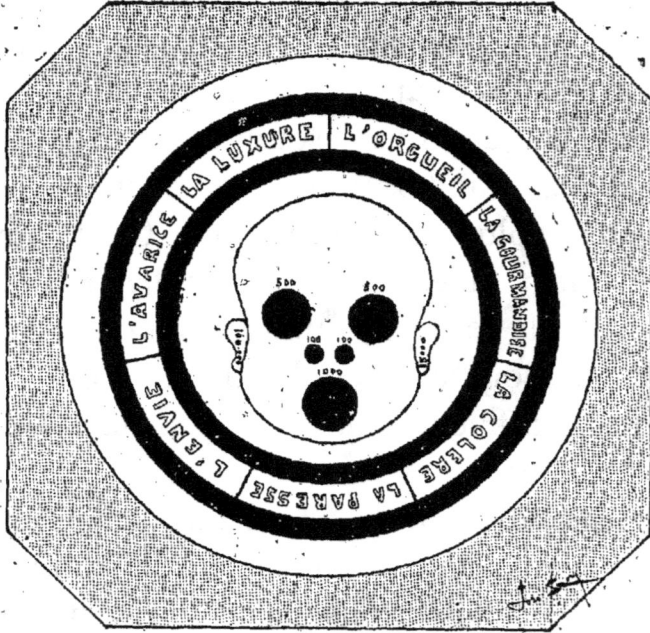

faisant, tant mieux pour l'enfant, il les absorbe et s'en nourrit, mais, s'ils sont empoisonnés, il court grand risque d'être gangrené jusqu'aux moelles.

Le cerveau n'est donc, en dernière analyse, qu'une bibliothèque où tout s'empile, s'entasse avec ordre ou désordre selon la méthode d'éducation suivie, et, de ce vaste capharnaum, ne sortiront plus tard que les éléments qu'il aura reçus en dépôt.

Nous voulons, pour bien faire saisir cette aptitude cérébrale, nous servir d'un exemple typique; on verra par lui que tout, absolument tout, se passe de la sorte : images, idées, pensées, raisonnements, jugements, tout vient du dehors, telle une langue entendue se répète sans modifications sensibles.

Cet exemple le voici : nous regardons aujourd'hui très attentivement le Panthéon, nous en voyons l'architecture, la masse, les proportions, la hauteur, la largeur et jusqu'aux plus subtils détails; nous nous gravons, pour ainsi dire, tout cela dans l'esprit et si quelque temps après nous évoquons l'image de ce monument, nous la voyons telle que nous l'avons vue; nous avons beau fermer les yeux, notre pensée nous retrace toujours cette image, notre cerveau est devenu une plaque sensible où se sont photographiés les lignes, les contours, les détails, et cela, parce que nous

avons fait poser le monument assez de
temps devant notre rétine pour que l'image

en fût bien nette. A tout jamais ce monument sera retrouvé par notre mémoire;
notre esprit nous le représentera toujours,

5.

fût-il démoli, rasé et ses décombres dis-
persés aux quatre coins du monde.

Mais si nous n'avons fait qu'entrevoir le
monument en passant, si, lorsque nous
l'avons vu, nous étions distrait, préoccupé,
nous n'en aurons qu'une idée vague, l'image
sera sans relief, les contours en seront
mal dessinés, elle sera confuse, indistincte,
floue, comme disent les photographes, et
notre cerveau n'en gardera certes pas l'empreinte. C'est un cliché que nous mettrons
au panier de l'oubli avec tant d'autres
images qui se sont effacées avant d'avoir
été imprimées en clair.

Ainsi font les choses qui ne nous frap-
pent pas suffisamment; mais aussi quels
souvenirs vivaces laissent les images vues
par l'enfant qui, cependant, n'appesantit
pas son regard sur ce qu'il voit; il faut dire
qu'en revanche son cerveau est vierge de
toute impression, il absorbe tout ce qui
l'entoure et le souvenir en reste gravé
d'une façon impérissable dans un pli de
ses circonvolutions cérébrales.

Que ce soient de pures images, que ce soient des sons ou des subtilités de l'esprit, il retient tout, grave tout, s'assimile tout ce qu'il a bien vu ou bien compris, pour rendre plus tard, en menue monnaie, les richesses qu'il a su accumuler dans son cerveau et l'impression en est d'autant plus grande, plus vivace, plus tenace qu'il en a sucé les éléments dans une plus tendre jeunesse.

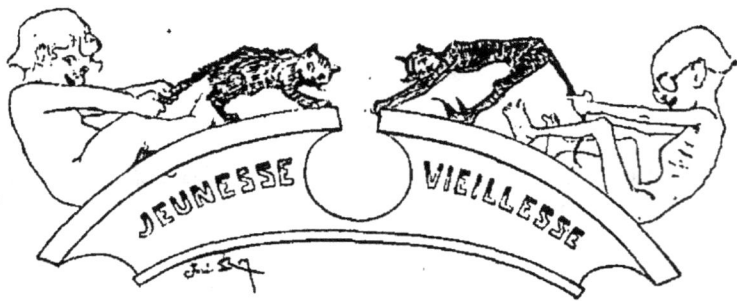

XI

DU MOUVEMENT

OUS avons vu les éléments du cerveau, son prolongement qu'on nomme la moelle épinière, les quarante-trois paires de nerfs qui en sortent : douze directement du cerveau, dans lesquels sont compris les nerfs des cinq sens, et les trente et une autres paires émanant de la colonne vertébrale. Tous ces nerfs vont donc par paire, comme mari et femme ; un des deux part du centre et

ra porter des ordres aux extrémités, c'est
e NERF DU MOUVEMENT. Son camarade, le
IERF SENSITIF, lui est intimement accolé,
l rapporte de l'extérieur au centre toutes
es nouvelles, toutes les sensations, qu'elles
oient agréables ou douloureuses, avec la
olus grande fidélité.

Chacun a ses attributions parfaitemen
léfinies et délimitées; c'est ainsi que les
:hoses se passent dans une bonne adminis-
:ration.

Or nous avons vu que les attributions des
1erfs sensitifs sont considérables; à eux
;euls sont dévolues toutes les fonctions qui
ont trait à l'éducation de l'être par les
nfluences extérieures : douleurs ressenties,
plaisirs perçus, émotions saisies, langage
entendu, parfums analysés.

Les nerfs moteurs ont, à leur tour, des
:onctions aussi importantes : ce sont les
ministres de l'intérieur, ils transmettent les
ordres à toutes les préfectures, sous-préfec-
tures, cantons, villages, et jusqu'aux moindres hameaux; autrement dit, à tous les

viscères, à tous les organes, à tous les vaisseaux, à tous les muscles et jusqu'aux plus fines ramifications du système cu-·tané.

Pour mieux définir les attributions du nerf moteur, nous dirons qu'il est le sénat du parlement, il a droit de *veto*, il arrête au passage ce qui lui paraît par trop subversif; il est vrai qu'à la longue sa chatouilleuse susceptibilité s'émousse, il laisse passer en vieillissant ce qu'il aurait naguère arrêté d'un geste, alors qu'il n'était pas encore contaminé par des propositions malséantes pour sa pudeur native. La preu-

ve? C'est que la lumière devient-elle trop vive, il commande à ses muscles palpébraux de fermer les persiennes; les sons deviennent-ils trop intenses ou la cacophonie surgit-elle de la discussion, il peut se boucher les oreilles et ne rien entendre; insiste-t-on pour lui faire avaler une couleuvre, il peut recourir à ses poings; mais, en général, mari et femme s'accordent à la satisfaction de la galerie, chacun y met du sien et l'on finit par faire bon ménage; seulement, le nerf moteur que nous avons nommé tout à la fois ministre de l'intérieur et sénat, représente le MOI, la personne intrinsèque, en un mot : LA CONSCIENCE; et, c'est beaucoup demander que de faire capituler celle-ci; c'est cependant ce que demande souvent le nerf sensitif qui voudrait faire enregistrer tous les *bills* de ses auditions, de ses perceptions, de ses visions et même de ses hallucinations par la conscience. Celle-ci se rebiffe bien un peu, mais les tentations sont si grandes, les occasions si fréquentes, les arguments si touchants que, ma foi, elle se rend doucement, pas trop vite pour la forme, sait

se faire prier, mais finalement prépare l'effon-
drement général par la capitulation sans
restriction.

C'est ainsi qu'arrive la mort du pécheur ;
l'homme est destiné par la nature à vivre
un siècle, mais il abrège sa vie en se tuant
un peu chaque jour ; les tenattions extérieures sont nombreuses, elles pénètrent en
lui par tous les pores, les nerfs sensitifs lui
apportent des flots d'harmonie et ses oreilles
d'écouter, jusques et y compris le wagné-
risme amenant la surdité ; par ses yeux
pénètrent des océans d'images, douces et
vaporeuses d'abord, bientôt heurtées, il en
voit ainsi se dérouler sans cesse depuis la
douce pâquerette des champs, jusques et y
compris la grande école naturaliste, impres-
sionniste et décadente, amenant la cécité ou
l'imperception du beau par l'affolement de
la rétine ; c'est ainsi en toutes choses : parfums pénétrants jusqu'à l'éternuement, sensations gustatives poussées jusqu'au piment,
voluptés charnelles allant jusqu'à l'épilepsie.
Et c'est toi ! ô nerf moteur insensé, instrument de la libre conscience qui laisses
faire, ou mieux qui prépares un pareil suicide ! alors qu'il t'appartient d'opposer ton

veto et d'arrêter le désordre insensé de nos nerfs sensitifs assoiffés de jouissances malsaines !

LA TENTATION VIENT DU DEHORS, LA SANTE RESULTE DE LA RESISTANCE DU DEDANS.

XII

CERVEAUX INTERMÉDIAIRES

E même qu'une vaste administration bien organisée possède des rouages de décentralisation qui ont, pour ainsi dire, leur autonomie; de même notre administration cérébrale se décentralise au profit des extrémités ou des principaux

organes, en leur confiant la presque autonomie de leur gestion.

Qui n'a réfléchi à ce singulier mécanisme des doigts exécutant un morceau de
musique difficile sur le piano ?

Il semble que l'artiste n'a pas conscience
de ce qu'il exécute ; il parle, rit ou devise
fort à son aise sur le thème qu'on voudra,
tandis que ses doigts font vibrer des milliers
de trilles ou d'arpèges avec l'assurance
d'une machine montée dévidant des notes.

C'est que le cerveau participe bien peu
à ce dévidage harmonique ; les doigts seuls
opèrent pour leur compte cette fantastique trépidation de la main sur l'ivoire.
Cela nous remet en mémoire ce fait légen-
daire du colonel Lacarre, commandant le
3e régiment de cuirassiers à Frœschwiller,
dont la tête fut emportée par un boulet, et
qui continua néanmoins à charger à la tête
de son régiment, pénétrant dans les masses
allemandes, le sabre en avant[1].

---

[1] *Français et Allemands*, par Dick de Lonlay, Ier vol.,
p. 168.

C'est qu'en dehors du cerveau unique,

central, s'accomplissent une série d'actes
inconscients qui, souvent répétés, finissent
par modifier les fonctions, les appareils et
leurs relations.

Il est certain qu'au début d'un acte nouveau, l'intervention du cerveau est nécessaire, il faut qu'il fasse preuve de conception, de réflexion, de jugement; il faut en
outre impressionner les centres nerveux
par une vision bien nette de tous les détails que comporte l'acte en lui-même, en
un mot, il faut apprendre; mais après
l'exécution en est remise à des expédition-
naires, c'est-à-dire à des agents secondaires qui débitent la besogne à tant l'heure
ou à tant la ligne.

C'est ainsi qu'un morceau s'apprend : le
cerveau voit, étudie, réfléchit, exécute, le
tout lentement, comme il convient à un
Dieu qui a sa dignité à garder ; puis, cela
fait, il se débarrasse de la besogne qu'il
trouve indigne de lui, et s'en décharge sur
de petits cerveaux secondaires qu'on rencontre un peu partout sous le nom de

plexus ou de *ganglions*, et ceux-ci s'acquittent de leur besogne à la grande satisfaction du Dieu qui trône du haut de l'olympe,

dort ou sommeille seulement, attendant une nouvelle besogne digne de ses hautes capacités.

On voit chaque jour ce fait singulier : le cerveau ayant complètement ou-

LE GANGLION DU PROPRIÉTARIAT

blié tel morceau d'un répertoire quelconque, les doigts étant remis sur le clavier, ceux-ci, machinalement, retrouvant les notes et les déroulant avec une merveilleuse adresse; ce sont là de petites bibliothèques où nous casons les morceaux ordinaires dont nous avons un fréquent besoin et qui sont indignes de figurer dans la grande bibliothèque où nous mettons les ouvrages de choix richement reliés, étiquetés et merveilleusement catalogués.

Tous nos actes inconscients ressortissent de ces petits cerveaux en miniature, et le nombre en est grand; c'est ainsi que nous marchons, que nous respirons, que nous mangeons, que nous digérons, que nous nous reproduisons, et tant d'autres choses que nous faisons sans en avoir conscience, sans que notre cerveau y participe plus que de raison.

Voilà comment des actes qui paraissent sérieux pour ceux qui ne sont pas habitués à les produire ne nous paraissent rien ou sont purement machinaux pour nous qui les exécutons chaque jour; cela nous rap-

pelle cette
d'un pré-
rogé par un
cret sur
son temps :
siez-vous le
à deux heu-
tin, sur
des Inva-
« Mon
j'attendais
Il est
nous com-
parfois des
sés sans en
cience, l'ha-
les commet-
venue une
ture ; c'est
perversion
arrive dans
lorsque
gissons pas

réponse
venu inter-
jugé indis-
l'emploi de
« Que fai-
23 janvier,
res du ma-
l'Esplanade
lides ? » —
président,
l'omnibus. »
certain que
mettons
actes insen-
avoir cons-
bitude de
tre étant de-
seconde na-
ainsi que la
des idées
notre esprit
nous ne réa-
vigoureuse-

6

ment contre la première mauvaise pensée qui nous assaille.

De l'acte normal nous passons insensiblement à l'acte délictueux, pour peu que nous soyons plongés dans un mauvais milieu, et, lorsque nous y sommes faits, nous exécutons cet acte avec la même inconscience qu'un terre-neuve ferait le sauvetage d'une brouette en rivière.

Cette description succincte des centres nerveux secondaires était nécessaire pour qu'on pût bien saisir le mécanisme des névroses qui vont suivre, car tel est nerveux ou même détraqué dans une partie de ses facultés qui reste absolument correct dans toutes les autres.

Nous avons connu un ministre d'État, de la plus brillante intelligence, de la plus grande valeur, du plus grand tact dans la direction de ses affaires ministérielles et qui, sans cesse, répétait à ses auditeurs le fameux mot de Cambronne sans en avoir la moindre conscience.

Il en est ainsi de toutes nos pensées, de

tous nos sentiments, car l'âme a ses tics
aussi bien que la matière; c'est à nous de
résister à l'imitation ou à l'exécution des
choses coupables, qui, de l'exception peuvent devenir trop facilement la règle.

XIII

MANIÈRE DE VIVRE

Nous venons de voir ce qu'est le système nerveux, quelle est sa puissance, son économie, ses ressources, ses aptitudes et son mode d'action.

Nous avons vu que rien n'est mystérieux dans ses fonctions, que tout s'explique par des lois relevant de la physique, de la chimie et de la physiologie.

Il est aujourd'hui à l'ordre du jour de ne

plus croire aux miracles — et non sans quelques bonnes raisons — car c'est avec de semblables billevesées qu'on a fait le plus grand tort à la philosophie chrétienne, dont les préceptes sont encore ce que nous avons de plus sage et de plus sensé parmi nos doctrines d'éducation sociale ; « idées grandioses, pratiques absurdes », telle est aujourd'hui, en deux mots, la définition religieuse de notre époque.

Ne pouvant plus faire intervenir ni Dieu ni diable dans nos théories spéculatives sur la santé et la maladie, nous ne saurions faire exception pour les névroses.

Nous ne sommes plus au temps du diacre Pâris, nous ne verrons plus les convulsionnaires de Saint-Médard, de Loudun ou autres lieux, arrêter leurs ébats sous l'influence de l'exorcisme ou tomber en extase sous une douche d'eau bénite.

Nous verrons peut-être encore des convulsionnaires s'agiter, se démener, se détraquer sous l'influence de pratiques magnétiques dirigées sur des systèmes nerveux

6.

spéciaux ou des sujets préparés par l'imitation ou la contagion, mais le diacre Pâris s'appellera maintenant Charcot, de Luys, Bernheim ou Liébaut, l'exorcisme sera remplacé par l'hypnotisme et le goupillon par un bouchon de carafe ; au moins nous saurons régler ces convulsions comme on règle une montre et les bûchers

ne s'allumeront plus pour la plus grande
gloire des ministres de ce Dieu de bonté et
de charité qui avait vraiment trop bon dos.

Maintenant que nous avons à peu près
la connaissance de tous les éléments du
système nerveux et de sa façon de se com-
porter, nous allons essayer de montrer comment il devient malade. « Jouir c'est vivre »,
disent les fous; « vivre c'est jouir », disent
les sages. Il nous semble qu'entre ces deux
maximes d'une concision brutale, il y a tout
un monde dans la façon d'entendre la vie.

Nous croyons que la vérité n'est ni
d'un côté ni de l'autre, mais bien dans un
juste milieu : « Vivre en
jouissant » nous semble

plus correct. « Jouir seulement » n'est pas vivre dans l'acception vraie du mot, car nous savons trop ce que vaut la vie à grandes guides, sans frein ni retenue; c'est dépenser très vite son capital santé et la vie ne nous abandonne pas assez souvent en pleine jouissance pour que nous n'ayons pas à regretter le capital dépensé. Se survivre est la plus déplorable fin qu'un homme puisse avoir et le suicide brutal est toujours une autre fin bien triste lorsque ce n'est pas une lâcheté.

Donc, la jouissance à toute vapeur n'est pas ce qu'un sage peut rêver de plus pratique, il est prudent de régler sa façon de vivre de manière à n'avoir aucun regret plus tard.

D'autre part, « vivre seulement » sans plaisirs, sans émotions, sans affections n'est guère enviable; personne n'accepterait la longévité avec la perspective de vivre à l'état de mollusque. Manger et dormir, dormir et manger ne sont pas les choses qui constituent le vrai bonheur; nous ne sommes pas sur cette terre uniquement pour tenir notre place à table ou pour digérer recouvert d'un bonnet de nuit. Il est donc indispensable d'arranger sa vie de façon à vivre en jouissant de tous les plaisirs permis par l'hygiène la plus élémentaire.

Le plaisir, dira-t-on, est relatif, chacun trouve ses félicités dans un *modus vivendi* qui lui est personnel. Nous accordons cela, nous croyons même que chaque jouissance est non seulement personnelle mais encore très variable avec l'éducation, la santé, le sexe, l'âge et les divers milieux sociaux dans lesquels nous sommes plongés, mais, quelle que soit la volupté qu'on recherche, on doit toujours la vouloir *moyenne* pour qu'elle soit durable, ou si parfois on la veut *aiguë*, pour en connaître toutes les gammes, c'est à la condition d'observer un repos réparateur après nos escapades ; en un mot, il faut, pour ne pas devenir nerveux ou gâteux, reconstituer le capital dépensé à l'aide des intérêts accumulés du repos.

XIV

DU CALME CHAMPÊTRE

VICTOR Hugo a dit quelque part — car rien dans la nature ne lui était étranger — que l'homme se modelait sans cesse sur son milieu.

En effet, il est certaines contrées où tout est grand d'aspects et de proportions : l'horizon est lointain, les arbres sont immenses, les rochers sont gigantesques, les produits de la terre sont merveilleux de grosseur, les hommes eux-mêmes ont une taille bien au-dessus de la moyenne; il semble que la nature de toute la zone veut se mettre à l'unisson.

D'autres contrées ont un sort opposé : l'horizon est rétréci, les arbres sont chétifs, les monticules sont à peine sensibles, les fruits rabougris et les hommes petits; tout semble ratatiné, tassé, émasculé, plié sous un même niveau.

Il en est de même du moral : on devient muet avec les sourds et l'on sort orateur des luttes parlementaires — à moins toutefois que l'étoffe ne fasse complètement défaut. — Le calme champêtre tempère les passions, et les villes vous donnent le vertige et la contagion d'une activité fiévreuse.

Qui n'a pas ressenti, une fois dans sa vie, cette détente générale des passions et des idées devant ce calme des champs où tout est silence, lenteur désespérante, où les êtres et les animaux semblent figés comme des chrysalides ?

Le vent lui-même semble mettre une

sourdine à ses emportements, il souffle sans
conviction comme s'il n'avait rien à re-
muer dans cette atmosphère tranquille ; on
dirait qu'il entre dans une église pour y
faire ses dévotions et c'est avec recueillement
qu'il passe sur les têtes penchées qu'il ca-
resse seulement d'un soupir discret.

Dans un tel milieu, le système nerveux
s'épanouit en toute liberté, nulle crainte
qu'il fasse des siennes — il ne serait pas

compris ; — il semble que la nature a oublié de nous faire des nerfs, tant le besoin s'en fait peu sentir ; les relations obligées sont réduites au strict minimum : le paysan parle peu, va lentement et son existence s'écoule dans

la monotonie d'une vie sans but, sans besoins, sans ambition, sans espérances. Il se lève, va, vient son petit bonhomme de chemin, ne parle que par interjections, mange et dort comme un coquillage, entr'ouvrant au matin ses valves pour les refermer le soir.

La science explique-t-elle cette différence de tranquillité du système nerveux du campagnard avec celui du citadin, par l'air pur qu'on respire aux champs et non pas à la ville ; ou bien, est-ce dans une différence de nourriture ou de passions ?

Ce n'est ni par l'air, ni par la nourriture, ni même par les passions que ces excitations s'expliquent, mais bien par le milieu différent dans lequel nous nous trouvons plongés ; c'est toujours et par-dessus tout, une affaire de bain ; là, c'est un bain de guimauve anodin, à température uniforme qui ne nous impressionne pas ; ici, nous sommes perpétuellement plongés dans un bain de vitriol, dans une fournaise ardente où la lutte pour la vie se fait sentir du matin au soir, où nous sommes stimulés par la recherche des satisfactions de tous les appétits, car nous voyons autour de nous ces appétits satisfaits jusqu'à la satiété chez des gens que nous jugeons ne pas être au-dessus de nous, ni par la naissance, ni par la valeur, ni par le mérite et nous voulons nous aussi jouir de ce que l'on est convenu d'appeler « l'assiette au beurre ».

C'est dans cette lutte constante que nos nerfs se trouvent ébranlés, qu'ils deviennent sensibles ; il leur faut ensuite une nourriture spéciale pour les entretenir à ce diapason élevé ; ils ont été tendus comme des cordes de violon prêtes à se casser, il n'est donc pas étonnant que ces nerfs, tendus outre mesure, nous donnent une note dans l'octave aiguë et qu'ils restent dans le ton jusqu'à ce qu'ils produisent des sons discordants ou qu'ils se cassent.

L'air des champs fournit à l'analyse les mêmes résultats qu'à la ville, ou du moins

très sensiblement les mêmes; — il devait
en être ainsi en raison des vents qui mé-
langent sans cesse les couches mobiles de
l'atmosphère qui nous enveloppe; d'autre
part, notre alimentation est un produit
qui nous est directement apporté de la
campagne — car rien ne pousse dans les
villes; — le soleil n'est pas autre, la température est à peu de chose près la même,
la lumière seule est peut-être un peu moins
vive dans nos grands centres qu'à la campagne; mais ce n'est certes pas dans les conditions atmosphériques qu'il faut chercher
la cause de l'ébranlement de notre système
nerveux, elle est ailleurs, cherchons-l'y.

XV

CHANGEMENT DE MILIEU

L est en nous des soifs de bonheur rêvé, des curiosités de savoir, des désirs de connaître, des aspirations vers le mieux; c'est d'abord un état inconscient, puis bientôt l'idée fixe arrive, la monomanie du changement de milieu — le certain lâché souvent pour l'incertain — nous voulons voir d'autres horizons, rechercher la fortune, les honneurs, les dignités, ou tout au moins des satisfactions sensuelles dont il nous semble que nous sommes dignes. Nous quittons le pays qui nous a vu naître pour l'Eden rêvé, emportant avec nous l'espérance, à défaut de la certitude.

Il en est trop souvent de nous comme des animaux qu'on déplace, il nous faut faire un stage d'acclimatement, un apprentissage du milieu nouveau, changer notre nature, afin qu'elle réponde aux exigences d'une situation différente ; il nous faut, en un mot, faire un travail d'adaptation pour que nos facultés répondent exactement à ce qu'on leur demande.

Il nous arrive souvent d'être comme un poisson qu'on placerait sur un arbre ou un oiseau dans une rivière ; chacun avait tout à l'heure des appareils respectivement faits pour le milieu dans lequel il se trouvait plongé, maintenant il faut changer sa façon de vivre, tr ansformer son outillage, adapter sa nature à l'élément nouveau ; en un mot, faire dix fois le travail que nous avions à faire tout d'abord, sans toutefois qu'il suffise encore à nos nouveaux besoins. Aussi ! combien de ceux-là sombrent-ils, qui, partis du pays, vont à la recherche de la fortune, sans autres aptitudes que l'espérance ou la bonne volonté ?

Les statistiques sont là pour nous montrer combien peu réussissent à se faire une carrière satisfaisante, une modeste aisance, ou même arrivent simplement à vivre au jour le jour en décuplant leurs peines.

Sur cent paysans qui abandonnent leur sol natal pour la grande ville, ayant à leur actif un petit pécule, quatre-vingts reviennent au village écœurés, ruinés, vanés moralement et physiquement, pour reprendre leurs galères d'autrefois ; quinze trouvent une modeste aisance en peinant beaucoup et ne reviennent pas au pays uniquement par amour-propre ; quatre enfin se tirent d'affaire en se faisant une position passable et un seul se félicite d'avoir décroché la fa-

meuse tim-
bale de l'ai-
sance en-
viée, sinon
la fortune.
La pro-
portion

donnée par la
statistique, peut
encore paraître
satisfaisante à

première vue, mais il faut tenir compte que

7.

les émigrants ne sont pas les moins intelli-
gents, ce sont généralement ceux qui se
sentent des aptitudes, qui sont doués de
quelques facultés précieuses, d'un tempérament robuste ou ardent; en un mot, des
gens qui sont déjà tout armés pour la lutte,
des aventuriers qui, n'ayant rien à perdre
chez eux, ont tout à gagner en changeant
de milieu. Il en est d'eux comme de ceux
qui ne savent pas nager et qu'on jette à
l'eau, beaucoup se noient, mais quelques-uns
s'en tirent à leur très grande satisfaction.

Mais si nous considérons tout ce monde
d'émigrants au point de vue du système nerveux, combien en verrons-nous de blessés, de
moulus, de fourbus qui, s'ils étaient restés
dans leur milieu, seraient forts et vigoureux.

La lutte pour la vie est certainement ce
qu'il y a au monde de plus déprimant, surtout si l'on considère que les besoins de
cette vie sont essentiellement relatifs : tel
paysan se contentera d'un peu de soupe,
d'un oignon frotté sur du pain noir, d'un
litre d'eau claire et d'une botte de paille
pour y reposer ses reins fatigués ; tel autre
qui se contentait hier de cette maigre pi-
tance, ayant changé de milieu, voudra vivre
comme les autres — comme ceux qui sont
arrivés ; — il lui faudra la soupe et le bœuf,
son litre de vin par jour, sa portion le soir,
son café quelquefois et un lit passable ;
d'autres, enfin, voudront l'excellent confortable du bourgeois, ses douceurs, ses chat-
teries, ses liqueurs et ses plaisirs ; tout cela
se solde par du bel et bon argent qui représente des heures de travail.

Lorsque les recettes sont proportionnelles aux dépenses, tout va bien, on se laisse

vivre, on jouit, on va ainsi tant que cela peut durer, car l'espérance est là qui vous dore la pilule de l'avenir ; mais bientôt les

ressources diminuent ou s'arrêtent, l'habitude acquise du bien-être vous fait une nécessité de continuer la vie telle que vous la
viviez auparavant; les dettes arrivent, le
crédit s'épuise et le système nerveux fait
des siennes à la recherche d'un expédient
qui puisse vous redonner la vie facile d'autrefois; on s'ingénie à trouver mieux, on
tâche d'équilibrer son budget à la façon du
gouvernement, on recourt aux déplacements, aux virements, mais, à ce jeu-là,
on sombre souvent.

Voilà le portrait de l'artisan, mais il en
est de même pour l'artiste, pour l'employé,
pour le bourgeois, pour le représentant
des classes libérales, pour le riche propriétaire, tout augmente, alors que les recettes
générales diminuent dans des proportions
inquiétantes pour l'avenir; en outre, la
vie est de plus en plus chère, les besoins
plus nombreux, les exigences sociales plus
coûteuses.

Que résulte-t-il d'un tel état de choses?
C'est que le système nerveux est surmené,

surexcité, déprimé, la névrose règne en
maîtresse absolue sur tous ces tempéraments
désemparés qui vont vivre maintenant sans
boussole et sans guide jusqu'aux catastro-
phes finales.

XVI

DU SÉJOUR DES VILLES

E N thèse générale on peut soutenir que la névrose est un produit direct de la civilisation, et que, plus celle-ci est raffinée, plus grands sont les désordres qu'on observe.

L'histoire de tous les peuples est là pour nous montrer la décadence des empires, des institutions et des hommes dès qu'apparaissent les richesses, l'art de bien vivre et la satisfaction des sens.

Que les villes s'appellent Athènes, Carthage, Rome, Byzance ou Paris, elles ont ou auront toutes le même sort : la décadence après la jouissance.

Annibal avant Capoue était un grand capitaine, après ce n'était plus qu'un aventurier malheureux.

L'histoire des empires n'est autre qu'une page de physiologie sociale.

Si nous prenons pour exemple un type quelconque, que ce soit en bas ou en haut de l'échelle sociale, nous démontrerons que la santé cesse avec la sagesse.

Prenons ce type chez l'artisan : l'homme pauvre est sobre par nécessité, étant sobre il digère, digérant il acquiert des forces, ayant des forces il les exerce et les développe par le travail, travaillant il se fatigue, fatigué il se repose et dort sa nuit pleine sans aucune agitation ; frais et dispos le lendemain il recommence sa vie monotone et calme au grand profit de son système nerveux qui jamais n'est excité.

Ce sont là des vérités magistralement

démontrées par l'expérience et l'observation ; celles-ci peuvent paraître des ren-
gaines qui sentent d'une lieue M. Pru-
dhomme, mais nous n'avons pas la prétention de trouver des causes là où elles ne
sont pas ; nous constatons seulement ce qui
frappe les yeux, et nous le disons simplement pour qu'on en fasse son profit.

Cela dit, continuons : la santé de
l'homme est donc directement proportionnelle à la somme de son travail normal et
de sa sobriété ; mais sa santé s'altère aussitôt qu'il surmène ses forces ou qu'il sur-
charge son estomac de produits qui ne lui
sont pas nécessaires.

Ceci est absolument démontré et tous
les hygiénistes sont d'accord sur ce point ;
mais où le problème se complique, c'est
lorsque la raison lui fait un devoir de
songer à l'avenir.

C'est fort bien de vivre en travaillant, mais
il est des instants dans la vie où l'homme
est obligé de se reposer tandis qu'il est toujours dans la cruelle nécessité de manger ;

ce repos forcé peut être indépendant de sa volonté, qu'il soit causé par la maladie, par la rigueur des saisons ou du temps, il n'en est pas moins obligé de s'arrêter temporairement et de vivre sur ses économies lorsqu'il a eu la prévoyance ou la sagesse d'en faire ; mais encore il arrive un moment où les forces s'épuisent et le travail devient impossible ; ce moment est la vieillesse à laquelle il faut absolument songer pour le travailleur, surtout pour le travailleur des villes qui n'est pas toujours disposé à finir ses jours à l'hôpital — où du reste il ne sera pas reçu s'il ne peut justifier d'une grave maladie aiguë. — C'est donc, dans ce cas, à la sagesse des gouvernants qu'est confiée la mission de prévoyance nécessaire à ceux qui n'en ont pas. C'est ici ou jamais que le système de M. Mazaroz trouverait son utile application [1].

Quoi qu'il en soit, l'instinct de prévoyance existe chez l'homme le plus

[1] Mazaroz. *Les républiques professionnelles.*

simple — n'existe-t-il pas du reste à un haut degré chez l'abeille et la fourmi — et ce qui peut paraître paradoxal c'est que cet instinct de prévoyance est peut-être le seul point de départ de toutes les névroses ; servons-nous pour le démontrer du raisonnement suivant : l'homme des villes aspirant au bien-être, travaillera volontiers un peu plus et mieux pour se donner à lui et aux siens la poule au pot et la petite partie fine qu'il a souhaitée ; il recommencera volontiers ce qu'il appelle son coup de collier pour procurer l'aisance à sa famille ; l'aisance arrivant, sa grande

sobriété des jours de malheur disparaîtra —
et qui donc l'en blâmerait? — il a un
bien-être qu'il a su gagner par son travail
et son activité, il en profite, il en fait profiter sa petite famille; le voilà passé *bourgeois*, le ventre lui pousse, il diminue son
labeur, augmente sa nourriture et la somme

de ses plaisirs ; son sommeil devient agité, son estomac paresseux, c'est alors qu'il demande au repos complet le calme qu'il espère ; le travail cessant, l'âge arrivant, voilà un homme à la mer. Son estomac devient capricieux, il se drogue, se stimule par le café et les alcools, ses digestions deviennent de plus en plus laborieuses, son esprit s'en ressent, l'hypocondrie survient, voilà un détraqué tout trouvé.

Le remède, dira-t-on, est tout indiqué : revenir à sa sobriété antique et retourner au travail acharné des jours de malheur ! Oui ! mais quel est donc celui qui aura la sagesse de revenir allègrement à sa misère première ?

Le séjour des villes est donc pernicieux à l'homme, car il y contracte des habitudes de dépenses qu'il n'aurait pas eues ailleurs et qu'il est obligé de compenser par un travail très souvent au-dessus de ses forces ; c'est là qu'il s'use, c'est là que ses nerfs s'affinent par l'obligation dans laquelle il se trouve de continuer le régime qu'il a

commencé et si cet honnête artisan n'est
pas vigoureusement trempé, il sombre
dans la tourmente de la grande ville, ce
minotaure aux cent gueules qui dévore ses
victimes, mais ne les rend jamais.

L'AVARICE   LA COLÈRE LA LUXURE L'ORGUEIL LA GOURMANDISE L'ENVIE LA PARESSE

XVII

L'OGRE INSATIABLE

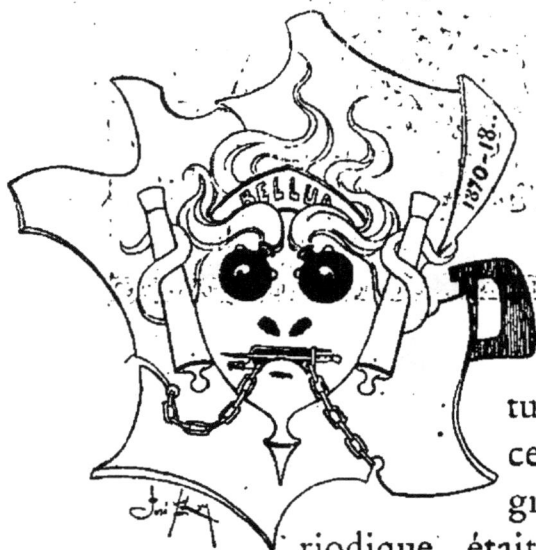

LE Moltke a dit
que « la guerre
était une insti-
tution sociale né-
cessaire, qu'une
grande saignée pé-
riodique était le seul remède
contre la pléthore des peuples, que c'était
une prudente soupape de dégagement par
où l'effervescence des esprits s'échappait,
évitant ainsi l'éclatement général de la machine démocratique actuelle ».

Il est très possible que la chasse à
l'homme soit encore dans nos mœurs,
qu'une battue générale suivie d'une héca-
tombe formidable soit une douche bienfaisante... pour ceux qui restent, mais je
doute fort qu'elle soit jamais du goût
de ceux qui périssent dans la tourmente.

C'est absolument bête de se faire tuer
sous le futile prétexte que deux souverains
ne sont pas d'accord sur une question
d'étiquette, et beaucoup de nos grandes
guerres n'ont pas eu pour cause de plus sérieux motifs.

Qu'on se défende contre les attaques
d'un bandit qui vient voler vos économies,
brûler vos récoltes et violer vos filles, rien
d plus naturel. Qu'une nation entière, indignée contre l'oppresseur, se soulève et se
rue sur lui, rien de mieux ; mais que, sous
couleur de liberté ou de civilisation, on
aille guerroyer au seul profit de quelques
ambitieux, voilà ce qui dépasse les bornes
de la plus naïve complaisance.

Il paraît que, pour éviter la guerre, il

faut que nous soyons prêts à la faire; c'est ainsi que pour ne l'avoir pas nous entretenons la nation entière sous les armes.

Cela est peut-être fort utile en raison même de l'état formidablement armé dans lequel se tiennent les nations voisines, mais il faut avouer qu'au point de vue économique cela est diablement coûteux.

Tout le monde soldat! Voilà qui est

clair.; tous les hommes valides sous les armes! là seulement est la sécurité. Mais alors que reste-t-il si l'on retire du tas les hommes valides? Il nous semble qu'il ne reste plus que les *invalides* et c'est à ceux-ci qu'on demande l'entretien de ceux-là.

Deux milliards de notre budget — plus de la moitié — passent dans la défense du pays. Ce n'est pas trop chèrement payer sa gloire, lorsque gloire il y a, mais ce nous semble que lorsqu'il y a deux combattants il y en a toujours un dont la gloire reste sur le carreau. C'est un aléa terrible et bien peu rassurant, d'autant plus que les combattants se préparent des deux côtés pendant vingt ans à organiser la victoire avec tous les atouts qu'ils peuvent se procurer dans nos poches singulièrement percées.

Le vainqueur sort de la lutte fortement meurtri, le battu est complètement anéanti, ce qui ne le rend pas content; d'où la revanche!

Il faut croire que de Moltke a raison

puisque ce terrible *jeu de la mort* continue
à prospérer dans nos modernes institutions
sans que ni vainqueurs ni vaincus fassent
Charlemagne.

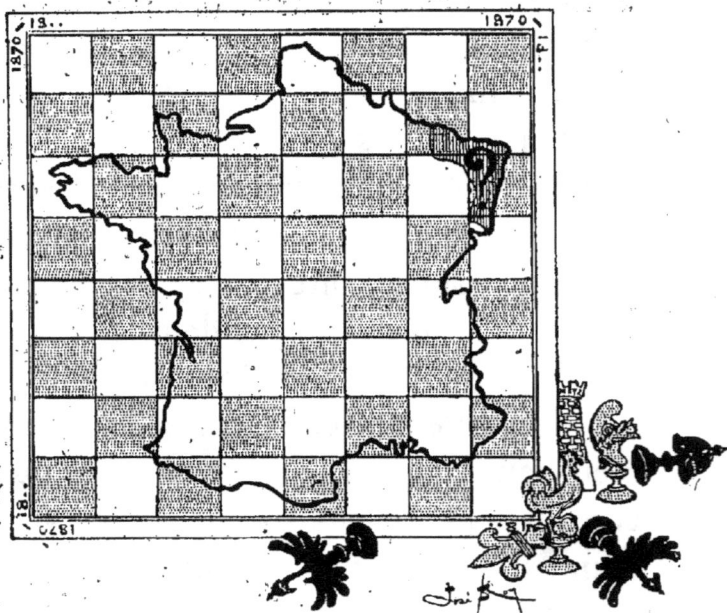

Aujourd'hui, nous avons quinze cent
mille hommes sous les armes, mais si
demain nous sommes battus, nous atten-
drons qu'une nouvelle génération soit
mûre pour l'enrégimenter, car, en resser-
rant les mailles du filet de recrutement,

nous arriverons facilement à dix-huit cent mille, à deux millions peut-être; bien mieux, nous pourrons enrégimenter les femmes à titre provisoire d'éclaireurs, sauf à leur donner plus tard des fonctions plus actives et plus vulnérantes; peut-être même pourra-t-on, avec nos lycées de jeunes filles, avoir une pépinière de jeunes stratégistes pour conduire au combat nos armées de l'avenir.

Du reste, nos femmes ne réclament-elles pas déjà l'égalité devant la loi? C'est un acheminement qui les conduira au droit de vote et à l'égalité devant la mort dans la défense du pays.

Nous voyons le xxᵉ siècle armé formidablement et notre vieille Europe ne plus former que de vastes camps retranchés, les hommes et les femmes valides aux frontières, nos enfants fabriquant des cartouches et nos vieillards se faisant ambulanciers.

C'est alors qu'on pourra dire plus justement : *tous soldats*. Hélas! cette vision de l'avenir n'est que trop réelle par ce que nous constatons aujourd'hui, mais, nous ne voulons retenir de cette boutade contre le militarisme à outrance, que ce qui a trait au sujet de notre livre : *la grande névrose du siècle*, que nous n'oublions pas.

Nous cherchons seulement ici à dégager la cause de cette grande névrose et nous ne la voyons qu'où elle est : *dépenses excessives de capitaux entretenant des armées formidables et déplacements forcés d'hommes qu'on arrache à leur terre;* et ces hommes sont comme ces herbes folles qu'on arrache et qui ne reprennent plus racine lorsqu'elles ont été exposées au soleil — du régiment. — pendant quelques années.

8.

La névrose générale se dégage donc de ses facteurs premiers :

1° *Dépenses excessives*, compensées seulement par un surcroît de travail allant jusqu'au surmènement et à l'épuisement final ;

2° *Déplacements forcés des hommes*, qui prennent au régiment des habitudes de flânerie, ce qui les rend inaptes aux travaux des champs dès qu'ils retournent au village, car, bientôt rebutés par ce travail fatigant, ils encombrent les villes de leurs importantes personnes et deviennent facilement des déclassés.

Les causes premières préparant les névroses ne sont donc en dernière analyse que *les armées permanentes* dévorant en temps de paix tous les sucs nourriciers de la nation et en temps de guerre dévorant et les hommes et les choses.

Quand donc pourra-t-on écrire sur la carte de notre vieille Europe : LICENCIEMENT GÉNÉRAL DES ARMÉES PERMANENTES POUR CAUSE DE FAILLITE GOUVERNEMENTALE !

Ce jour-là, le syndic des nations sera béni des peuples et les créanciers, pour la première fois, accorderont volontiers un concordat d'honneur gravé en lettres d'or sur l'affût d'un canon renversé.

DEUXIÈME PARTIE

PORTRAITS DE NÉVROSÉS

I

DÉFINITION DE LA NÉVROSE

Non seulement la névrose est la maladie de l'époque, mais encore elle est la maladie à la mode ; aussi est-elle des plus fréquentes. Et cette fréquence s'explique par suite des conditions morales et matérielles de la vie actuelle. Le besoin exagéré *d'être*

ému, d'émouvoir, ou encore de *s'émouvoir,* en est une cause certaine de propagation et de développement. Ce n'est plus seulement dans la classe riche qu'on la rencontre, mais aussi dans les ateliers et même dans les campagnes.

Souvent elle commence à la puberté et agite encore la vieillesse.

La névrose sénile n'est pas la moins violente.

Qu'entend-on, enfin, par névrose ?

La névrose est une affection qui paraît avoir son siège exclusif dans le système nerveux; elle est toujours sans fièvre et sans lésion appréciable, même à l'autopsie.

La névrose se manifeste la plupart du temps d'une façon intermittente par de simples malaises — migraines, névralgies — mais aussi parfois par des troubles graves et même effrayants, qui peuvent atteindre séparément, simultanément ou successivement les parties du système nerveux affectées au sentiment, à l'intelligence et au mou-

cement, mais qui sont le plus souvent sans danger pour la vie.

On reconnaît deux sortes de *névroses,* la petite et la grande. La *petite névrose* est caractérisée par un état spécial de la sensibilité portant sur la constitution générale et produisant un tempérament dit : *nerveux,* consistant surtout dans un excès d'impressionnabilité faisant ressentir très vivement certains bruits qui ne sont pas ressentis par ceux dont les nerfs sont calmes : grattements d'ongles sur un tuyau de poêle, grincement du verre à l'aide d'un couteau, bouchon coupé avec un rasoir, violent coup de sonnette, etc. ; toutes choses, en un mot, qui sont désagréables à l'oreille, mais qui ne produisent d'effet qu'autant qu'on irrite le sujet.

Le nombre des gens atteints de cette petite névrose est considérable, aussi n'est-ce pas une maladie, c'est une simple *constitution nerveuse* et cela n'a pas d'autres conséquences entre gens bien élevés qui savent se supporter,

Il n'en est plus de même de la *grande névrose;* autant la petite est bien portée, autant la grande épouvante.

La seule, la vraie, la grande névrose est une maladie ayant ses évolutions comme la coqueluche, déroulant ses phases et les horreurs de ses gammes épileptiformes, intéressant tantôt la *motilité* exclusivement, tantôt la *sensibilité* seulement; mais, où les conséquences deviennent le plus terribles, c'est lorsque la névrose affecte les *sens* ou les centres *intellectuels,* car alors on assiste à de véritables tempêtes de l'âme et aux plus effroyables manifestations morbides de la pensée, aboutissant à des actes insensés et des plus désordonnés.

9

La grande névrose est donc bien une entité nosologique; ou, si l'on veut, un état spécial du système nerveux qui a ses orages et ses tempêtes, même quand on le laisse au repos; il a, pour caractère essentiel, la continuité ou la périodicité dans les crises. Il est vrai qu'on peut être atteint de la petite névrose pendant les intermittences de la grande, mais lorsque la grande névrose s'est parfaitement établie, il est rare que la petite névrose se fasse sentir; après les grands orages, le calme complet s'établit généralement.

Pour ne pas faillir au titre de notre livre nous ne parlerons donc que de la grande névrose :

Toute maladie, qui ne dépend d'aucune cause appréciable, est appelée « essentielle » pour la distinguer d'une maladie semblable dans ses formes et dans ses effets, mais produite par une cause visible ou appréciable par nos moyens ordinaires d'investigation ; on appelle cette dernière « symptomatique » de ceci ou de cela, selon la cause trouvée.

Quatre-vingt-dix-neuf fois sur cent, nos maladies ordinaires sont *symptomatiques* d'une lésion quelconque et ce n'est que lorsque nous n'en trouvons pas la cause matérielle que nous disons la maladie *essentielle;* car, c'est surtout en médecine qu'on peut dire qu'il n'y a pas d'effets sans cause.

Les névroses semblent faire exception à cette règle, ou du moins, les causes en sont plus difficiles à constater, beaucoup d'entre elles provenant de désordres psychiques non apparents ou de surmènements physiques qui ne laissent aucune trace dans l'organisme.

Au point de vue étiologique, nous croyons cependant que les névroses pourraient rentrer dans le cadre général des autres maladies, si on voulait admettre comme causes : la nostalgie, l'amour déçu, les chagrins, les émotions, les désillu-

sions, etc. qui sont autant de causes dépri-
mantes agissant d'une façon pernicieuse sur
les transactions accomplies au sein de l'organisme.

Bien que ces causes ne soient pas matérielles et visibles, elles n'en sont pas moins
effectives, plus peut-être que tous les re-
froidissements, coups ou fractures qui sont
essentiellement temporaires et curables avec
le temps, tandis que toutes les affections
de l'âme ont une longue durée, ou n'ont
de trêve que grâce à des espérances ou des
satisfactions nouvelles.

Dès l'instant qu'on admet les causes
morales comme efficientes, les névroses
suivent la loi générale; nous ne verrons ces
causes et leurs effets qu'au fur et à mesure
que nous les déroulerons devant le lecteur
pour lui en faire apprécier toute la valeur:

Disons de suite que les phénomènes de
la grande névrose sont classés en trois degrés
se fondant entre eux, comme une gamme
de couleurs, allant du blanc au noir, en
passant par le gris sans transition brusque.

Le premier degré de cette névrose est caractérisé par une vague tristesse et par

une douleur partant du creux de l'estomac pour s'irradier vers la poitrine et les flancs ; les sujets sont pris d'angoisses, de serrements constrictifs et spasmodiques de tous les nerfs moteurs ; ils sont en quelque sorte pincés par une immense tenaille dont le diable serrerait les branches, mais avec des rémissions temporaires comme le chat fait pour la souris. La voix est généralement altérée, le regard anxieux, la gorge serrée, la face congestionnée ou très pâle. Le corps tout entier est pour ainsi dire remonté, et tous les ressorts en sont tendus, prêts à se dérouler dans un sens ou dans l'autre comme·· dans une colère contenue; on sent d'instinct que la machine est près d'éclater, tant la chaudière nerveuse fait courir de trépidations sous la peau.

Le moral de son côté est fortement atteint, le caractère se modifie en mal, les idées sont versatiles, les larmes faciles, le rire non justifié, c'est un· accès qui passe comme autre chose; il pleut toujours dans cette âme quel que soit le niveau du baromètre; on broie du noir à la journée, on recherche l'isolement, regrettant toujours de le trouver.

C'est ainsi qu'on arrive au spleen, à l'hypocondrie, à la lugubre hantise de l'idée de suicide; on passe en revue les divers genres de mort, on fait son choix, c'est une occupation comme une autre. On les

trouve tout mauvais, et finalement on
reste parce qu'on ne découvre pas une sortie convenable.

Il est à remarquer que dans ce premier
degré de la grande névrose, tout se passe à
l'intérieur; les orages ne dépassent pas la
peau, la machine ronfle, la chaudière est
sous pression, mais les pistons sont au
repos.

Dans le deuxième degré, qui n'est à

proprement parler que le développement
progressif du premier, les manifestations de-

viennent visibles, la maladie sort au dehors, comme dans l'urticaire ; elle se manifeste par des vapeurs, de la trémulation, des crises de-nerfs, des actes bizarres dont le souvenir reste vague, confus et comme perdu à travers un autre corps; on a le don d'ubiquité, on souffre au loin, tandis qu'on est anéanti sur place, on désavoue son corps souffrant, pour n'être responsable que de son corps qui pense : le second pleure sur l'état du premier, on se désole et l'on désole les autres.

Tout ne se borne pas à ces anodines perversions du mouvement, l'âme s'en mêle et devient malade. Alors éclatent ces bizarres conceptions de l'esprit, ces aberrations de la pensée, ces écarts d'imagination qui conduisent aux actes les plus coupables, les plus singuliers, quelquefois les plus abjects. Le sens moral s'oblitère, les passions se pervertissent et la saine raison s'effondre dans le plus lamentable gâchis.

Le troisième degré de cette triste névrose est caractérisé par des crises d'une vio-

lence inouïe, mais dont le sujet n'a plus
cette fois la responsabilité. Lorsque le névrosé est pris d'une attaque, le tableau devient des plus effrayants. Le malade tombe
subitement en poussant un cri, il se roule
sur le sol, la poitrine haletante, le cou
gonflé, la figure grimaçante. Les membres
sont projetés et s'agitent dans tous les
sens.

Enfin, la névrose est devenue de l'hystérie ou de l'épilepsie. L'internement du
malheureux est chose urgente, la société

ayant le droit de se protéger contre cette forme de la grande névrose.

Trop souvent, une attaque d'épilepsie avortée se manifeste par un acte criminel. C'est ce que Legrand du Saulle appelait si justement l' « épilepsie larvée ».

Nous ne décrirons pas les signes de ce troisième degré, car le cadre de cet ouvrage est forcément restreint, il ne s'adresse pas aux malades, mais seulement aux détraqués qu'on n'enferme pas, à ceux, en un mot, qui par un privilège spécial courent les rues alors que beaucoup réclameraient l'hôpital, ou tout au moins des soins assidus, en raison même de la contagiosité des névroses, dans un monde si bien préparé à en ressentir les pernicieux effets.

Qu'on retienne seulement de cet exposé sommaire que la grande névrose peut affecter, tour à tour, diverses formes, et enfin, qu'elle devient dangereuse pour le public lorsqu'elle attaque les *sens* ou qu'elle se manifeste sur *les centres intellectuels*.

De là, des variétés très nombreuses, très

insaisissables, très fugaces, à travers lesquelles la névrose semble se jouer à plaisir
des classifications doctrinales, pour ne
revêtir aucun des caractères stables des autres maladies. C'est, en un mot, la grande
névropathie protéiforme ne frappant aujour-
d'hui que l'homme physique, alors que
demain elle s'acharnera seulement sur ses
facultés morales ou intellectuelles au point
de lui faire commettre des actes insensés
ou coupables.

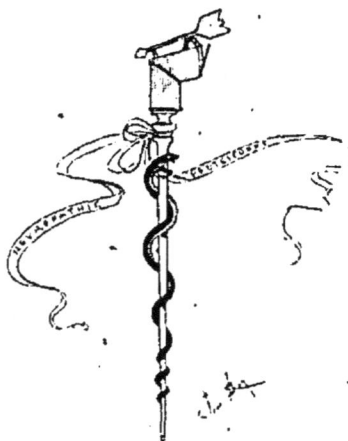

II

NÉVROSE ESSENTIELLE

ous avons vu
que la né-
vrose n'était
dite « essen-
tielle » qu'au-
tant qu'on ne
rencontrait
chez le sujet
aucune cause
occasionnelle pouvant la déterminer,
mais si le sujet n'est atteint d'aucun
désordre intrinsèque, comment la névrose
peut-elle apparaître ?

La cause vient sûrement alors de l'extérieur, du milieu, *du bain* — comme nous disions tout à l'heure — dans lequel nous nous trouvons plongé, en un mot, la cause est « extrinsèque ».

L'histoire suivante nous en donnera la marche[1] :

Marguerite et Germaine étaient sœurs; elles avaient l'une vingt ans et l'autre dix-huit. Aucun antécédent fâcheux n'existait dans la famille; les parents directs jouissaient d'une excellente santé, la sobriété était proverbiale dans la maison. C'étaient de petits rentiers du Marais qui s'étaient retirés des affaires après une modeste fortune honorablement gagnée dans la bonneterie.

Le milieu était donc calme et tranquille; on allait à la messe, le dimanche, sans excès de bigoterie comme il convient à d'*honnêtes* époux qui trouvent profitable à la santé du

---

[1] Nous prévenons le lecteur que tous les portraits que nous donnons dans cette deuxième partie ont été pris sur le vif; ce sont des observations purement médicales. dont les noms seuls sont de fantaisie. (Note de l'auteur.)

cœur et de l'esprit le repos dominical, quelle que soit la religion qu'on professe, fût-on même indifférent.

Marguerite se maria dès qu'elle eut atteint ses vingt ans ; c'était réglementaire pour les filles, comme l'âge de vingt-cinq ans pour les garçons. On ne sortait pas de cette règle hygiénique dans la famille depuis plusieurs générations.

Le tort fut ,peut-être qu'on maria Marguerite en dehors des traditions de la maison, qui n'admettaient pour gendres que des gens de la partie : tous bonnetiers de père en fils, gens pacifiques s'il en fut.

Cette fois, il y avait eu dérogation, on s'était entiché, de part et d'autre, d'un beau lieutenant ; c'était toute une révolution dans les coutumes séculaires de la famille, mais on avait eu pour excuse, dans le choix, l'argument correctif « que c'était un officier de pompiers », homme stable et d'allures paisibles; l'épouse pouvait rester sous le toit paternel et vivre de sa vie calme et régulière.

Mais hélas! Germaine avait encore deux ans à courir pour atteindre ses vingt ans réglementaires; elle les eût certes attendus avec la sérénité et la patience qui faisaient le fond de la famille et qui conviennent, du reste, à une jeune fille bien élevée, qui ne sort pas de son milieu tranquille, qui jouit de cette bonne vie simple déroulée comme le ressort d'une pendule, sans qu'on soit même dans l'obligation de la remonter toutes les quinzaines; en un mot, la pauvre enfant aurait pu facilement coiffer sainte Catherine sans ressentir en elle d'autres aspirations que celles qui sont permises par le code de la bienséance la plus orthodoxe; du reste, son âme était chaste et nul grain d'hystérie ne pointait à l'horizon.

Les jeunes époux s'aimaient d'un tel amour qu'ils avaient l'un pour l'autre de

tendres badineries, de multiples et conti-
nuels raffinements de caresses, se le prou-
vaient peut-être un peu trop fréquemment,
à table, au piano, à la veillée, un peu partout, sans contrainte ; ils s'embrassaient à
bouche-que-veux-tu et les parents de sourire ! N'était-ce pas naturel, à leur âge, et
ce mari n'était-il pas dans son droit le
plus strict ?

Germaine fut d'abord bien heureuse du
bonheur de sa sœur, elle se voyait déjà
plongée dans des océans de félicités, car son
tour viendrait bientôt, elle y songeait même,
la pauvrette ! Le soir, la tête sur l'oreiller,
elle causait déjà avec son petit mari en
herbe et n'ayant pas d'image à évoquer, car
elle n'avait pas encore de *promis*, elle se
servait, en attendant, de la jolie tête de Charles, le mari de sa sœur, qui était là, à côté,
derrière la cloison.

Hélas ! ces évocations par procuration
sont parfois bien dangereuses, elles prennent souvent un corps et sortent du rêve.

Ce fut ainsi sous forme d'un inoffensif

portrait-carte de Charles
qui le représentait avec
tous ses avantages de
beau militaire, ayant un
superbe casque sous le
bras, la moustache rele-
vée. Ah! c'est que Charles était un fier
gaillard, bien bâti et capable d'éteindre
bien des incendies mais aussi d'en allumer.

sans le savoir, car il était foncièrement
honnête « ce beau pompier ! » et jamais
une pensée mauvaise ne serait entrée dans
son esprit au sujet de sa belle-sœur qu'il
adorait — en tant que belle-sœur — mais
qu'il respectait à l'égal d'une statuette
décorative de madone qui fait bien dans la
maison et qu'on regarde sans y toucher. Il
y avait bien par-ci par-là, un peu de contact
obligé entre beau-frère et belle-sœur, et,
quoique pompier, il n'en était pas moins
homme de bonne compagnie et connaissait
ses devoirs familiaux ; on peut oublier —
parfois — d'embrasser sa belle-mère, on
n'oublie pas matin et soir d'embrasser sa
belle-sœur. C'était donc la rente habituelle
du petit lever et du coucher : Bonjour, sœu-
rette ; bonsoir, mignonne ; ou bien encore :
Bonne nuit, Germaine, avec de petites câli-
neries bien chastes dans la voix.

Et la pauvre Germaine, insensiblement,
sans le vouloir, sans le savoir, pressait un
peu plus fort le portrait de Charles avec
lequel elle couchait maintenant, lui réser-

vant une toute petite place sur son oreiller
virginal.

Le soir avant d'éteindre sa bougie, c'était
entre elle et le portrait une longue causerie
mentale où les lèvres seules prenaient part ;

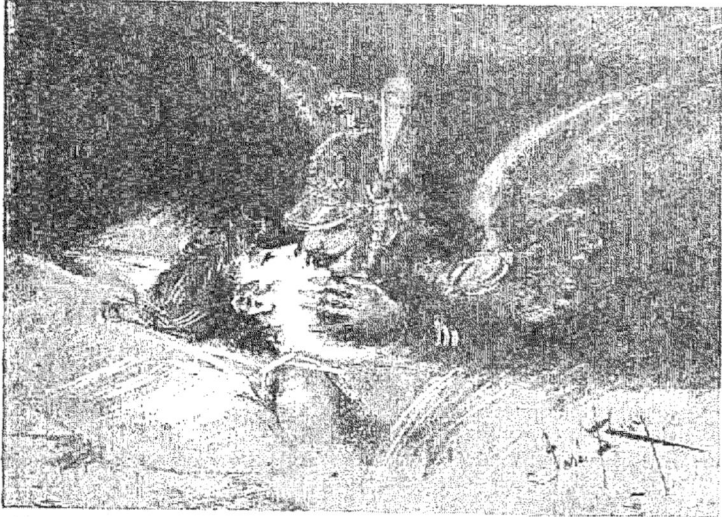

puis, la fascination aidant, la tache noire de
la tête sur fond blanc produisait un phénomène bien connu d'hypnotisme, donnait à
l'image des contours d'une véritable réalité ;
c'étaient alors des extases sans fin, des griseries cérébrales interminables où les lèvres
de la vierge trouvaient de voluptueuses

sensations au contact du bristol attiédi par
son haleine et la bougie brûlait, brûlait toujours et les yeux de Germaine se bistraient
profondément.

Les mères ne connaissent pas assez l'influence de la photographie sur le cœur des
jeunes filles, l'entrée de la chambre lui est
permise et l'âme s'y frotte et s'allume de
convoitises au contact du collodion incen-
diaire.

Qu'as-tu donc, ma chérie, disait parfois
la mère lorsque la jeune fille, triste et
rêveuse, regardait dans le vague, l'âme
partie dans des régions inconnues, on dirait
que tu t'étioles, que tu t'ennuies avec nous?
— Mais non, petite mère, disait l'enfant,
je suis heureuse, bien heureuse — avec un
gros soupir — et elle pensait ce qu'elle disait.

Parfois, la pauvrette, inconsciente, péné-
trait dans la chambre de sa sœur absente,
respirait à pleines lèvres tout ce qui avait
touché Charles, s'en grisait comme d'un
parfum pénétrant et suave, sentait sa brosse
à cheveux, son peigne, cherchant des

effluves de mâle jusqu'aux entournures des manches du vêtement que le bel officier venait de quitter, appelé en hâte par son service, et la pauvre enfant sortait de là ivre et tremblante, comme si elle venait de commettre un crime.

Un romancier pourrait tirer de cette situation un livre tout entier, en suivant l'âme mystique de cette rêveuse, en analysant ses sensations, ses actes et ses pensées ; mais le médecin a bien d'autres soucis, il analyse

en gros et se contente de rechercher les causes et constater les effets au seul point de vue de la santé.

Bref, cette pauvre enfant, si belle, si chaste, si pleine de vie, s'étiola comme une fleur sans soleil, comme une plante sans rosée et le beau Charles, superbe d'insouciance, ne se doutait pas qu'il venait d'allumer un terrible incendie dans le cœur de sa belle-sœur.

Le vieux médecin de la famille fut consulté, il ne s'y trompa pas, et, en homme pratique qui va droit au but, sans conseiller le fer inutile, l'hydrothérapie et le quinquina, prescrivit de suite le mariage.

Il manquait à Germaine six mois pour atteindre ses vingt ans, mais, devant la prescription formelle du médecin, devant les accidents de plus en plus sérieux d'une névrose manifeste des sens, on passa outre et l'on proposa l'époux choisi en comité secret par toute la famille réunie.

La jeune fille consultée trouva de tels défauts au futur, qu'on s'inclina devant son refus; on chercha longtemps ce merle blanc qui doit plaire aux jeunes filles dont l'âme est prise; on ne le trouva pas, et finalement, la jeune fille interrogée sur ses goûts, sur ses préférences, déclara nettement qu'elle voulait entrer aux Carmélites.

Depuis deux ans, sœur Germaine se promène lentement le long des sombres voûtes du Carmel, le visage émacié portant la pâleur et la matité de l'ivoire neuf, et, pendant les offices du matin, au petit jour de la nef, son œil fixé sur le Christ erre dans le passé, mais il n'est pas démontré que l'auréole du martyr de Jérusalem ne soit pas un casque.

Et, lorsqu'on parle de Germaine au père bonnetier, il répond invariablement : Que voulez-vous, c'était sa vocation !

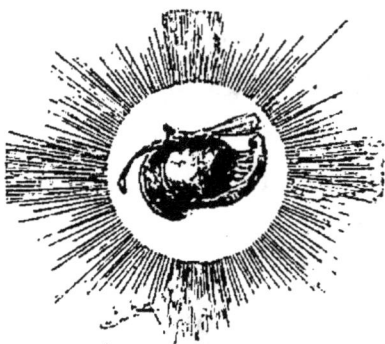

III

NÉVROSE PAR INSUFFISANCE

ous voyons chaque jour des gens en place dont l'insuffisance est notoire · pour tous; ils manquent tantôt d'aptitūdes spéciales pour l'emploi qu'ils occupent, tantôt de l'intelligence nécessaire pour y figurer honorablement. Il fallait un chimiste, ce fut un géomètre qu'on nomma; ou bien : il fallait un général de génie, ce fut un brave soldat qu'on appela.

Du haut en bas de la filière administrative, commerciale ou militaire, on rencontre tous les jours de ces insuffisants qui ne s'en doutent même pas. Les uns sont ponctuels et s'en flattent comme d'une vertu, là où il faudrait de la pénétration et de la finesse; car il ne suffit pas toujours d'arriver à l'heure pour remplir honorablement son mandat, il faut encore y être apte. D'autres feront preuve d'une probité digne des plus grands éloges; mais, s'ils ne détournent pas un centime de la caisse, ils feront perdre des sommes considérables à leur maison par incurie ou par insouciance.

Tel brille par des qualités d'ordre moral, alors qu'il faut faire preuve de force et de souplesse physique. Tel autre, beau et brave capitaine à la tête d'une compagnie, fera pitoyable figure comme général à la tête d'une armée. La bravoure — chacun sait cela — n'est pas toujours la seule qualité qu'il faille pour entraîner des masses à la victoire. C'est quelque chose que de savoir vaillamment faire le sacrifice de sa vie dans une circonstance grave, mais il est souvent plus utile de savoir la conserver, ainsi que celle des autres, par une tactique habile ou une manœuvre intelligente.

Nous avons encore beaucoup à faire pour découvrir les aptitudes spéciales de chacun et en tirer la somme profitable au bien de tous.

Les jésuites excellent, dit-on, dans l'art de reconnaître les diverses aptitudes des jeunes sujets qui leur sont confiés; ils les entraînent ainsi dans la voie qu'ils devront suivre plus tard, pour y réussir sûrement.

C'est là une force qui serait enviable pour nos chefs d'institution laïques; mais nous craignons fort que ce petit secret de métier soit plus facile à comprendre qu'à pratiquer, toujours est-il qu'il manque à nos laïques cet esprit de suite, cette ténacité, cette discipline — nous ne dirons pas ce désintéressement des choses d'ici-bas, car

le mot ne serait pas juste — mais cet intérêt de caste qui fait converger toutes les
sollicitudes des bons Pères, sans distractions
mondaines, vers ce but : gouverner de la
coulisse en pétrissant des âmes à leur
image. :

Quoi qu'il en soit, nous n'avons pas encore
dans l'Etat de grands pourvoyeurs d'emplois selon les aptitudes, il faut donc, quant
à présent, nous contenter de bombarder —
au petit bonheur — à nos postes vacants,
tous ces faméliques qui recherchent un
emploi, non par vocation, mais pour la
pâtée du jour avec les petits profits.

Lorsqu'on occupe un emploi, quel qu'il
soit, sans en avoir l'étoffe,
si l'on ne soupçonne pas
son insuffisance, tout est
pour le mieux au point de
vue du système nerveux,
car alors, on se complaît
dans sa béatitude attendant
conquérir avec le temps, et
même à l'ancienneté, un

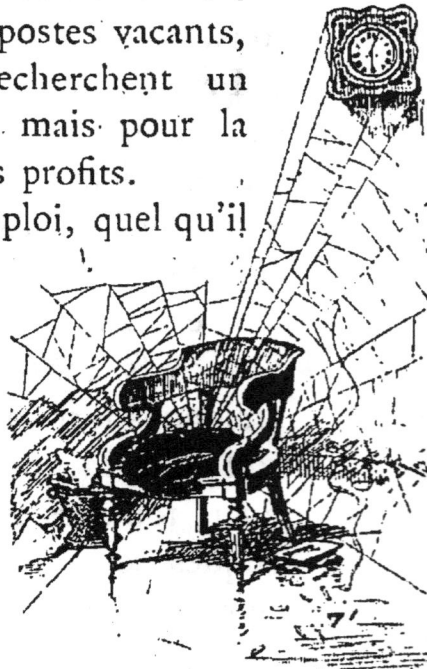

poste supérieur où l'on ne sera ni pire ni meilleur.

Mais si, ayant quelque bon sens, on a conscience de son insuffisance et qu'on cherche à en triompher, alors le système nerveux entre en ébullition et fait des siennes ; jugez-en :

Saturnin Malarmé, dès l'âge de douze ans, possédait, du chef de sa mère, une petite fortune lui permettant de vivre un peu à sa guise ; il en profita pour ne pas faire grand'-chose, selon la règle.

Mis au collège par son tuteur, il suivit ses classes à la diable, toujours dans les derniers et mieux encore s'il avait pu ; il arriva ainsi à sa majorité sans titre, sans parchemin qui lui permissent d'entreprendre une carrière en rapport avec sa situation de fortune. Devenu son maître, il gaspilla, de-ci de-là, sa fortune au hasard de ses appétits.

A vingt-cinq ans, il était à peu près ruiné, mais sa santé avait résisté à tous les assauts de la folie.

Devenu sage et doué d'un peu de bon sens, il fit un retour sur lui-même, compta ses dernières ressources et prit une détermination. Armé, on ne sait comment, d'un petit bagage de souvenirs littéraires, il visa une profession qui fût digne de lui; ne voulant pas déchoir, il en chercha une, bien entendu, qui ne l'obligeât pas à passer par une école officielle, car il était trop tard, vu ses ressources.

Il est encore quelques rares professions libérales qui permettent à nos fruits secs de se tailler une place au soleil de la vie sans se courber sous les fourches caudines d'un parchemin ministériel.

: Il saisit donc avec ardeur cette précieuse branche de salut, et, dès le lendemain, sans aucune préparation, mais aussi sans aucune hésitation, il fit graver la carte ci-dessous en caractères élégants :

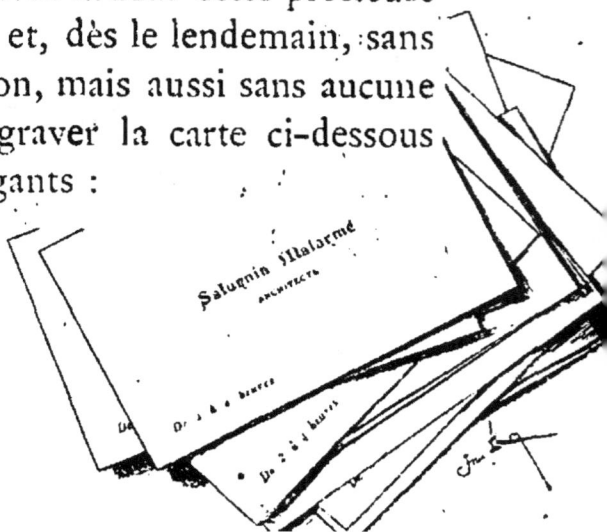

Saluqnin Mlalarmé
ARCHITECTE

La profession trouvée, il fallait s'en rendre digne. Ce ne fut pas long : il acheta quelques manuels de la construction, le *Moniteur du Bâtiment,* apprit assez vite les termes du métier, fit des plans, des épures, des lavis qu'il empila dans ses cartons et attendit.

Il avait eu soin de se caser dans la banlieue de Paris, où l'on bâtit assez fréquemment des baraques peu compliquées, vraies niches à lapins dont il pensait se tirer avec honneur sinon avec grand profit.

L'attente ne fut pas longue, il était beau garçon, il eut aussitôt la clientèle d'une veuve très consolable qui le trouva fort à son goût; peu lui importait, du reste, qu'il fût habile dans son métier.

Heureusement pour lui que l'immeuble à construire n'avait rien d'extraordinaire : six mètres de façade, huit de profondeur, un terrain d'équerre, un seul étage sur rez-de-chaussée, le tout en moellons et sapin.

Malgré cette simplicité d'architecture, il eut un mal épouvantable, car il avait

autant d'amour-propre que peu de moyens ;
ce qu'il peina, ce qu'il sua, le malheureux,
sur ses plans et ses épures, — qui, cette fois,
n'étaient plus de fantaisie, — Dieu seul le sait !

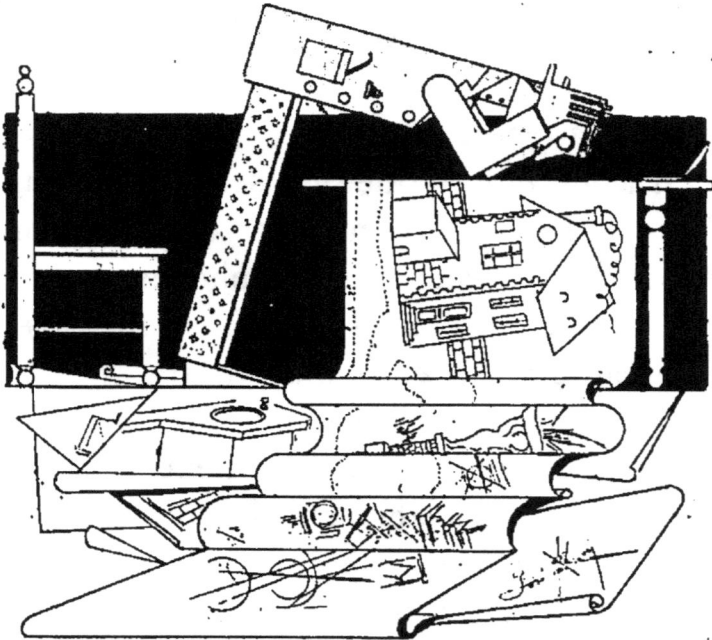

Après avoir barbouillé plusieurs rames
de papier à faire des lavis, il ne put jamais
trouver la perspective nécessaire pour pré-
senter — même à une veuve ensorcelée —
un plan d'ensemble qui eût quelque vrai-
semblance.

Mais la veuve était une femme à l'esprit pratique, elle se consolait facilement de l'inexpérience de son architecte en matière de construction, pour la bonne raison qu'il en montrait infiniment moins dans l'art de lui plaire.

Finalement, n'y tenant plus, il eut l'heureuse inspiration de s'adresser à un excellent entrepreneur et de lui dire carrément, comme un homme ennuyé d'une aussi mince besogne : Besnard, je compte sur vous pour cette machine-là, vous savez : six mètres de façade, huit en profondeur, un étage, moellons et sapin, bâcléz-moi ça !

Et ce fut bâclé à la grande satisfaction de chacun.

Saturnin Malarmé, de ce jour, fut sacré architecte et devint la coqueluche des veuves et de quelques propriétaires.

Vous raconter son odyssée ou plutôt son calvaire professionnel, serait épouvantable; le pauvre diable ne dormait plus, il avait des cheveux gris à trente ans, des rides de vieillard, il était rempli de tics, il aboyait

les trois quarts de ses nuits après des esca-
liers oubliés, des cabinets d'aisance qui ne
trouvaient place qu'au salon, des salles de
billard qu'il fourrait dans les caves, des ca-
lorifères sous les toits, des cheminées sous
les fenêtres et des entrées principales à travers la cuisine.

Il ne dérageait plus, travaillant comme
quatre à cette toile de Pénélope qui n'en
finissait pas ; encombré de paperasses inutiles, débordé de projets sans raison, assommé par des lettres de veuves hystériques, il voulait faire face à tout et faire
bonne figure, et il ne trouvait enfin un
peu de repos que lorsque, n'y tenant plus,
il secouait sa torpeur enfiévrée, s'écriant :
Besnard, tant de mètres de façade, tant de
profondeur, bâcle-moi ça !

. . . .

Il eut un jour une congestion devant
l'épure d'un chalet, on dut le conduire à
Bicêtre, section des enragés ; l'effort avait
dépassé la résistance de son cerveau et l'é-
quilibre s'était brusquement rompu.

Il est encore aujourd'hui dans l'établissement, salle Esquirol, cabanon n° 6, où il tire toujours des plans pour établir un ventilateur dans la casquette de son gardien.

IV

NÉVROSE PAR ENTRAÎNEMENT

POUR obtenir un maximum d'effet, il est non seulement utile d'entraîner les sujets progressivement, mais encore faut-il s'y prendre de bonne heure, qu'il s'agisse de la souplesse, de l'adresse, du développement des for-

ces musculaires ou des facultés intellectuelles et morales.

Chacun de nous a vu ces disloqués de
cirque qu'on nomme « caoutchouc » ; nous
avons tous admiré la merveilleuse habileté
et la grâce avec laquelle ils exécutent leurs
tours les plus extravagants. Or, croit-on
qu'on pourrait obtenir cette agilité si l'on
s'adressait à des sujets de trente ans, qui
jusque-là n'auraient été soumis à aucun
travail préparatoire ? Evidemment non. Les
os, à cet âge, ont terminé leur croissance,
les capsules et les ligaments articulaires
n'ont pas subi les distensions voulues à l'é-
poque où cela était encore possible, en un
mot, l'entraînement n'a pas été progressif
ni opportun, la tentative ne donnerait donc
aucun bon résultat.

Il en est de même du lutteur, dont les
muscles ne se développent que par l'exercice,
et ainsi de toutes choses.

Les chevaux de course sont dans les
mêmes conditions. On n'a jamais songé à
prendre un vieux cheval d'omnibus au

timon de sa voiture pour l'entraîner aux
courses de Longchamps; il y ferait triste
figure.

Ce qu'on ne peut obtenir dans l'ordre
physique, on ne pourra pas l'obtenir davantage dans l'ordre moral. Il y a des lois de
solidification pour les cellules nerveuses qui
sont les mêmes partout. Chaque petit dé-
partement cérébral correspondant à l'éducation, à l'instruction, à la morale, s'imbibe
d'une impression — bonne ou mauvaise —
s'en nourrit et devient fatalement ce qu'on
l'a fait; la cellule cérébrale s'organise, se
fortifie, se durcit avec les sucs qu'elle a
reçus, tant pis si ce sont des sucs âcres et
corrodants; elle ne se laisse plus envahir,
lorsqu'elle s'est développée et lorsqu'elle
est arrivée à son induration finale; de là le
proverbe : « La caque sent toujours le ha-
reng. »

Il est donc prudent d'entraîner de bonne
heure les sujets dans la voie qu'ils doivent
suivre; l'acrobatie cérébrale est une gymnastique qui s'acquiert comme toutes les

autres; il s'agit seulement de se procurer des professeurs spéciaux qui tirent du sujet tout ce qu'on en peut tirer.

Le fonds sur lequel on opère y est bien pour quelque chose, car il est des natures complètement réfractaires à certains exercices, alors qu'elles sont très aptes à produire d'autres résultats d'un ordre différent.

Jamais on ne fera un cheval de vitesse d'un de nos lourds percherons, pas plus qu'on ne fera d'excellents timoniers avec nos pur sang arabes.

Le fonds a donc son influence, car chaque jour nous voyons des coureurs, qu'il s'agisse de chevaux, de piétons ou de vélocipédistes, qui gagnent une course de trois kilomètres avec une avance considérable sur ceux qui les suivent, alors que, si la course avait de six à huit kilomètres, les vainqueurs ne seraient plus les mêmes. Les uns possèdent le brio de la vitesse dans une petite course, tandis que d'autres se rattrapent sur le fonds qu'ils possèdent, dans une course de durée.

Donc, l'entraînement doit se pratiquer en raison même de l'espèce, du fonds et de la résistance des sujets, mais il ne faut pas oublier que c'est dans le jeune âge qu'on obtient le meilleur résultat et que plus tard il est souvent inutile d'essayer. Prouvons-le :

Le jeune François Châtel naquit au fond d'un bois, de gens simples et droits ; la be-

sogne du père consistait à construire des
meules de bois recouvertes de terre et d'y
mettre le feu pour obtenir ce que nous ap-
pelons le charbon de bois; jamais il n'avait
songé à faire autre chose, recommençant le
lendemain ce qu'il avait fait la veille, et des-
tinant son fils à la même besogne, qu'il
accomplirait sans doute de la naissance à la
mort sans autre horizon probable.

La mère s'occupait des soins d'une vache
et de quelques poules ou lapins, bestioles
qui suffisaient largement à nourrir la famille.

Le jeune François se développa donc au
milieu de cette tranquille famille ayant
l'aisance sans la moindre ambition ; aussi,
son cerveau fut-il fort à l'aise et n'éclata sur
aucune soudure.

Je passe sur son enfance qui fut celle
d'un jeune chien croissant en toute liberté ;
vint la conscription qui le fit soldat.

Le régiment, qui est l'éteignoir pour
quelques-uns, fut pour lui le phare provi-
dentiel qui lui fit entrevoir d'autres horizons. Il y apprit à lire avec bonheur sinon

sans peine, espérant qu'il saurait tout dès qu'il pourrait consulter l'encyclopédie. Ce fut alors qu'il comprit qu'il ne savait rien. Il eut l'ambition de savoir beaucoup et lut des journées entières, mais sans méthode, au hasard du volume qui lui tombait sous la main.

D'autre part, sa nature sauvage et prime-sautière se pliait peu à la discipline militaire; aussi fut-il considéré par ses chefs comme une mauvaise tête. Son congé terminé — on faisait alors sept ans — il revint à son bois avec un petit bagage de connaissances superficielles et y trouva son vieux père bien cassé à la suite d'une pleurésie attrapée par insouciance et soignée à la diable par indifférence, et de laquelle, du reste, il mourut quelques semaines après.

François Châtel ne put continuer sa vie d'autrefois, il avait goûté à un petit coin du fruit de l'arbre de la science, il était perdu; on ne mord pas impunément à petits coups à « l'arbre du bien et du mal », ses fruits sont indigestes aux cerveaux réfractaires et engendrent trop souvent la grande pépinière des déclassés.

Voulant continuer, il entraîna sa mère dans sa résolution, ils partirent un beau jour pour la ville voisine avec quelques milliers de francs, fruit d'un labeur de trente ans, amassés sou à sou.

Installés, sa mère et lui, dans un modeste logement, il travailla sérieusement sous la direction d'un vieux magister de village

retiré des affaires. L'incubation de la science fut pénible pour lui, son cerveau s'était ossifié; les règles de syntaxe glissaient sur ses circonvolutions cérébrales sans y pénétrer; il mettait dix jours pour saisir la définition d'un participe et trois mois pour comprendre les cas d'un verbe; passait-il à l'arithmétique qu'il oubliait sa grammaire, confondait les dates de l'histoire avec l'heure des marées, Cléopâtre avec Chilpéric, Bossuet avec un promontoire; la géographie lui donnait des vertiges, il ne pouvait comprendre que la terre fût ronde, il cherchait partout son point d'appui.

Bref, le malheureux eut des insomnies, des cauchemars, devint nerveux; sa pauvre femme de mère regrettait sa vache, ses poulets et sollicitait le retour de son fils dans les grands bois; mais François s'était donné une tâche, un but, une mission, il voulait devenir quelqu'un et il restait sur ses livres, y pâlissant, les dévorant sans trop bien les comprendre; il eut bientôt des bourdonnements anémiques, il rêvait éveillé, la tête comme prise dans un étau; il entendait des bruits, des frôlements d'ailes autour de lui, des sons, des voix même se produisaient sans cesse à ses oreilles; il en arriva à se croire choisi pour une mission providentielle; il crut aux voix de Socrate et de Jeanne Darc; il écrivit au souverain, vit le curé, sollicita des audiences du préfet, du maire, des conseillers, et finalement ne fut écouté que par le garde champêtre.

La pauvre mère, qui adorait son François, en était tout ahurie, partagée qu'elle était entre son gros bon sens de paysanne et sa faiblesse maternelle, se demandant ce qu'il y avait de vrai dans toutes ces communications extra-terrestres qui transfiguraient son fils à ses yeux et qui la rendaient folle.

Elle en vint à croire aux hallucinations de son garçon, d'abord par faiblesse, évitant de le contrarier et finalement par influence de milieu, car ce genre de névrose est contagieux.

La maison devint alors une succursale de Charenton où tous les détraqués: vieilles

II.

filles mystiques sur le retour, maniaques
en quête d'une religion nouvelle, mono-
manes espérant une panacée pour leurs maux
imaginaires, vinrent tour à tour, puis ensemble, recueillir la voix divine de l'oracle
nouveau.

Le pauvre François, pâle, émacié, vivant
de racines pour complaire à son *esprit familier*, s'entourait d'un monde spécial qui l'entretenait dans sa dangereuse folie, et, se
croyant un nouveau Messie, imposait les
mains sur la foule béatement prosternée.

De paysan qu'il était, s'étant transfiguré,
il fut bombardé Pontife d'une religion
nouvelle ; quelque temps après, il mourut
ramolli.

V

NÉVROSE PROFESSIONNELLE

'ENVIE est un « péché capital », du moins les Pères de l'Eglise lui ont-ils reconnu une influence assez pernicieuse pour la classer parmi les sept plaies sociales.

C'est surtout dans les professions libérales qu'on rencontre ce vice odieux qui y fleurit avec une acuité insoupçonnée.

Le marchand, le négociant peuvent avoir

une certaine *jalousie* professionnelle, mais ce n'est là que péché véniel qui reste sans conséquence sensible sur les bons rapports de ces industriels entre eux !

Dans les carrières libérales, c'est autre chose, c'est bien de l'envie, de la noire envie poussée jusqu'à la quatrième puissance et, parmi toutes les professions libérales, c'est encore la médecine qui prend la tête de plusieurs longueurs de parchemin. C'est à ce point que l'époque romaine la connaissait déjà et l'avait stigmatisée en deux mots : « *invidia medicorum* »; il est à croire que l'envie naquit le jour où Esculape eut un confrère.

Il n'est si petite localité ayant deux médecins qui ne soit le siège d'une division intestine grâce à ces honorables praticiens dont les habitants subissent, parfois cruellement, la mauvaise humeur confraternelle.

Cela nous remet en mémoire cette boutade de deux confrères se traitant mutuellement d'ignorants, de crétins et autres aménités semblables. L'un d'eux jouissait d'une santé superbe alors que l'autre était toujours malade.

— A la bonne heure, disait-on à ce dernier, votre confrère inspire la confiance par sa bonne santé.

— Je le crois bien, répond·l'invalide, nous ne sommes que deux médecins ici, et nous nous soignons mutuellement; lui me doit sa belle santé, quant à moi, voyez comme il me traite! Donc! jugez quel est le meilleur des deux.

Si encore nous ne voyions l'envie qu'au bas de l'échelle médicale, nous pourrions admettre qu'il n'y a là qu'une question de boutique, sorte de concurrence ne portant que sur les recettes, mais, lorsqu'on contemple un instant ce qui se passe en haut lieu, on remarque que la question de gros sous n'est que secondaire.

Nous avons assisté et nous assistons encore tous les jours à ces grands tournois où nos princes de la science se colletinent comme de véritables portefaix, et trouvent dans les ressources de leur vaste érudition de spécieux arguments pour se combattre jusqu'à ce que déshonneur s'ensuive.

Notre grand Pasteur, lui-même, n'en est pas à l'abri; au contraire, il semble que les nébuleuses s'embrassent alors que les étoiles n'ont leur raison d'être que par les morsures qu'elles se portent.

Or, ici ce n'est plus une question d'intérêt qui est en jeu, c'est bel et bien une jalousie de prépondérance, car la question humanitaire n'est souvent qu'un prétexte invoqué pour la sentimentalité de la galerie.

L'envie, comme nous le disions au début, est donc un défaut capital qui rentre dans

la névrose par son influence irritante et fait
d'un étudiant, jusque-là débonnaire, le plus
grincheux et le plus désagréable praticien,
que l'âge et les taquineries de ses confrères
finissent par rendre enragé.

Ceci se passait à Landerneau et s'y passe
peut-être encore de nos jours si les deux
irréconciliables ne sont pas morts de mort
venimeuse.

Hurel et Gaspard étaient intimement liés
alors qu'ils faisaient
leurs études au quar-
tier Latin; tout entre

eux était mis en commun : chambre, vêtements, livres, instruments, jusques et y
compris Claudine, étudiante en chorégra-
phie qui faisait leurs mutuelles délices les
jours de « nopce ».

Or, il advint qu'un poste fut vacant à
Landerneau; le Dr Hurel s'y fixa. Bientôt la
nostalgie de l'amitié y amena pour quelques
jours le Dr Gaspard, son très excellent confrère. On s'embrassa, ce fut charmant, mais
lorsque Gaspard lui eut déclaré que, le soleil luisant pour tout le monde, il trouvait la localité à son goût et suffisante pour
deux, Hurel lui battit froid et les deux amis
se quittèrent en s'étreignant la main comme
s'ils eussent déjà voulu mesurer leurs forces
respectives.

Au premier client qui lâcha Hurel pour
Gaspard, ce furent des cris de paon de la
part du premier occupant; bientôt les relations furent tendues, les invectives mutuelles
s'échangèrent et prirent, en très peu de temps,
un caractère acerbe, mordant, caustique où
les deux champions se décochaient des flè-

ches d'autant plus venimeuses qu'ils se connaissaient mieux.

La tranquille localité de Landerneau, qui

jusque-là avait
médecine. et
les médecins,
temps immé-
n'avait connu
cin à la fois
— praticien
et charitable
vres, droit et
compagnie
ches—s'était
à ne voir dans
qu'un sacer-
le médecin
lanthrope.
luttes intesti-
ville se de-
profession

eu foi en la
respect pour
parce que, de
morial, elle
qu'un méde-
dans ses murs
dévoué, bon
pour les pau-
d'agréable
pour les ri-
accoutumée
la médecine
doce et dans
qu'un phi-
Devant ces
nes, la bonne
manda, si la
médicale n'é-

tait pas de toutes la dernière, et sa foi aveugle en Esculape en reçut un profond ébranlement.

Le Dr Hurel trouvant que les insinuations malveillantes à l'égard de son confrère ne suffisaient pas pour *le tomber*, recourait sans scrupules à la médisance, à la calomnie même, sachant qu'il en reste toujours quelque chose, semant un peu partout de ces belles petites infamies — distillées avec un art diabolique — dont Tartufe lui-même n'eût pas osé se servir.

Le Dr Gaspard, de son côté, ne lui cédait en rien, ripostant de son mieux, décochant ses flèches empoisonnées avec non moins de subtilités tortueuses; mais reconnaissant à son confrère une supériorité dans l'art de bien dire, il se rattrapait dans l'art de mieux écrire; il avait à cet effet fondé un journal local, sous couleur d'intérêt politique, alors que son seul but n'était que de mieux atteindre son cher confrère.

Bien que tous deux fussent absolument indifférents à la politique, ils s'en servirent comme d'un tremplin pour mieux porter leurs coups. Tièdes au début et ne sa-

chant trop dans quel camp ils se rangeraient, ils devinrent bientôt, sur le terrain politique, d'irréconciliables ennemis; Hurel ayant un jour penché un peu à droite, au hasard de l'improvisation, dans une réunion électorale, Gaspard pencha immédiatement à gauche; c'est ainsi que se firent leurs convictions politiques qui ne devinrent extrêmes qu'en raison directe de l'acharnement de leur mutuelle envie.

Tous deux étaient du conseil municipal, et, sous prétexte d'intérêts locaux, encombraient les réunions de leurs discussions interminables. Gaspard, battu par la parole ardente et colorée de son confrère, se rat-

trapait par des articles où il excellait dans
l'art de distiller le poison des insinuations
perfides. Il était d'autant plus à l'aise que
ses articles avaient une forme mytholo-
gique ; les scènes se passaient dans l'Olympe
de Jupiter, probablement pour y tonner
plus à l'aise.

Ces malheureux, bien que bons praticiens, en étaient arrivés à faire de véritables
sottises professionnelles, dans le seul but de
se faire des niches ; lorsque l'un disait
blanc, l'autre invariablement disait noir, et
les médications ou les opérations qui s'en-
suivaient n'étaient justifiées que par la haine
que l'un portait à l'autre. Devant la mort
elle-même ils ne désarmaient pas ; celle-ci
— bien que souvent fort naturelle — était
toujours sujette à caution ; chacun — de
l'avis de l'autre — tuait ses malades par
ignorance de son art, si bien qu'on en
parlait dans Landerneau des journées entières.

La petite ville, si calme et si tranquille
autrefois, était dans une continuelle ébul-

lition; il y avait deux camps bien tranchés,
prêts à en venir aux mains : cela rappelait,
à s'y méprendre, les guerres antiques entre
Guelfes et Gibelins, et ces deux enragés
s'excitaient sans cesse. Qu'on juge, après
cela, de l'état dans lequel se trouvait leur
système nerveux !

Morale : On dut agrandir le cimetière
de la ville et favoriser l'immigration.

VI

NÈVROSE DE L'OISIVETÉ

'EXERCICE est comme le cresson de fontaine, c'est la santé du corps. Tout muscle qui n'est pas exercé s'atrophie, dégénère et tend à disparaître; il en est ainsi des viscères, des organes, des fonctions. Tout, absolument tout, doit être exercé sous peine de déchéance à bref délai. Ce n'est pas l'exercice qui tue, c'est l'abus.

Au contraire, l'exercice est salutaire; il faut, des pieds à la tête, exercer un peu tout, selon ses moyens, sans excès, à petites doses, sans fatigue jamais; et, comme chaque appareil d'une machine a sa raison d'être, chaque organe du corps doit aussi remplir son but, sa mission, sa fonction. Les yeux sont faits pour voir, les oreilles pour entendre, l'estomac pour digérer, le cœur pour aimer, la tête pour penser, le bras pour agir... Ici le lecteur pourra compléter la liste des fonctions qui auraient pu nous échapper, car il en existe pour chaque organe; c'est donc une petite revue à passer, mais notre discrétion bien connue nous empêche de soulever les voiles dont une chaste pudeur sait se couvrir dans tous les pays civilisés et

même, dit-on, dans ceux qui ne le sont pas.

Ces lois générales étant comprises, il est bon de les appliquer, tout en évitant le surmenage qui est toujours une faute.

« L'oisiveté est, » dit-on, « la mère de tous les vices » ; il faut donc s'en garer avec le plus grand soin, car l'être qui ne travaille d'aucune sorte devient, non seulement inutile à lui-même, mais encore nuisible à autrui.

Le petit dialogue suivant nous en donnera un exemple :

Mme Henriette de Valfroid possède pour mari la meilleure pâte d'homme qu'on connaisse dans le *Tout-Paris* d'aujourd'hui ; il est fort occupé dans la haute finance par ses multiples fonctions ; il est jeune, bien de sa personne, tendre, dévoué pour sa femme, rentre à l'heure, va peu au cercle, joue rarement et ne court jamais ; de l'aveu même de sa femme, c'est le modèle des époux.

Mme de Valfroid a 22 ans, une fort

bonne éducation, une instruction solide, quoique ne sortant pas de nos lycées féminins; elle est jolie, douce, enjouée de caractère. Bref, elle serait à son tour le modèle des épouses si... elle était un peu moins inoccupée.

Dans le monde, sa flânerie est proverbiale; on dit : « Paresseuse comme Henriette », elle ne fait rien de ses dix doigts et moins encore de sa tête. Elle a la nonchalance de l'Andalouse, l'insouciance d'une créole, la fainéantise d'une odalisque et s'ennuie comme quinze vieilles filles.

— Sortons-nous ce soir, ma chérie?

— Non, certes! Rouff ne m'a pas envoyé ma robe, je ne sortirai pas ainsi.

— Mais votre garde-robe est on ne peut

PETITE VITESSE

12

mieux montée, vous n'avez qu'à choisir
celle...

— Ta ta! laissez-moi tranquille, je ne
me sens aucun courage ce soir.

— C'est un peu votre habitude.

— (*Madame, élevant la voix.*) Voilà que
vous me torturez, maintenant. Oh! que
les femmes sont malheureuses! non, non,
je ne sortirai pas.

— C'est bien, ma chérie, ne te fâche
pas, calme-toi, nous sortirons demain.

— C'est cela! vous y tenez, vous voulez
me faire violence, ni demain, ni après,
entendez-vous, j'ai mes nerfs, vous m'agacez, du reste, avec vos sorties, je ne me
suis pas mariée pour devenir le juif-errant
des salons, laissez-moi tranquille.

— Mais, ma chère Henriette — (*d'une
voix très douce*) — il me semble que nous
ne sortons pas souvent, il y a trois mois
que...

— Oui! c'est cela, vous tenez un calen-
drier de nos sorties, il ne vous manquait
plus que ce vice-là; oh! ces hommes de

chiffres ! c'est révoltant. *(Se tordant les mains.)* Oh ! ma mère, ma pauvre mère, que je suis malheureuse !

— Je ne vois pas bien en quoi...

— Comment ! monsieur, vous ne voyez pas que vous me faites mourir de chagrin : bals, théâtres, concerts, dîners en ville, mais c'est une vie d'enfer que vous me faites mener là.

— Voyons, ma chère enfant, vous êtes injuste, depuis deux ans...

— Oui ! comptez...

— En tout cinq fois, et encore...

— Et encore quoi ? que voulez-vous dire !

— C'était chez ta mère.

— Allons bon ! Vous allez me reprocher d'aller chez ma mère, maintenant.

— Non, je ne te reproche pas cela, au contraire, mais enfin, avec notre fortune, notre nom, ma situation, il me semble...

— Ah ! oui, il faudrait courir du soir au matin chez vos clients, chez vos clientes, peut-être ! Ah ! non, par exemple, n'attendez pas cela de moi, je ne suis pas dans les affaires... moi !

— Heureusement !

— Qu'est-ce à dire ! Qu'entendez-vous par là ?

— Rien, ma chère Henriette, je dis qu'heureusement pour toi, tu n'es pas dans les affaires, tu n'as pas les tracas que j'ai, les soucis de tous les jours, la besogne écrasante que...

— Ah ! oui, parlons-en de votre besogne.

— Mais, il me semble que je travaille, alors que vous...

— Oui ! dites encore que je ne fais rien, que mon « oisiveté », comme vous appelez cela, me conduira à l'ennui, de l'ennui à la folie...

— Tu exagères, Henriette, seulement pour ton bien, pour ta santé, je voudrais te voir une occupation et...

— Et patati et patata, vous voilà bien comme les autres, mais regardez donc mes mains, sont-elles faites pour travaillller...? comme vous dites.

— Ma chère enfant, l'occupation pour
une femme du monde consiste à faire de
ces mille riens qui occupent le cerveau
sans fatiguer les membres; tu ne lis pas,
tu ne penses même pas, tu...

— Vous m'agacez horriblement, Charles,
avec votre travail, je veux vivre à ma guise
(*élevant la voix et disparaissant dans sa
chambre*), vous me faites mourir! (*Sanglots
à la cantonnade.*)

Tous les jours des scènes semblables se renouvellent à propos de futilités, le mari s'irrite, la femme devient terriblement nerveuse, elle est sujette aux crises de nerfs, Charles perd la tête, jure qu'il ne recommencera plus à faire des scènes — et Dieu sait cependant s'il est patient — madame boude des journées entières ; l'oreiller lui-même est insuffisant pour raccommoder les époux ; le chagrin s'en mêle ; de part et d'autre ce sont des larmes refoulées, des soupirs étouffés, l'influx nerveux s'accumule, de nouvelles crises éclatent, le mari n'y tient plus, finit par prendre des tics, danse sur ses pointes comme s'il avait la danse de Saint-Guy, prend de l'éther pour se calmer, madame du chloroforme, ils se font doucher et l'enfer recommence.

Bientôt madame a des absences, des lacunes dans l'esprit, oublie son nom, donne des ordres dont l'exécution l'étonne, reçoit des visites chez elle comme une étrangère et, lorsqu'on se retire, s'en va aussi. Elle retrouve parfois sa lucidité dans l'escalier

et remonte, se prend la tête à deux mains, .
entrevoit la folie. Ce sont alors des larmes
qui la calment pour quelques heures.

Parfois elles sort sans but, poussée par
un instinct de marche, se fatigue vite, hèle
une voiture, et, lorsqu'on lui demande l'a-
dresse où la conduire, elle regarde, réfléchit, soudain sa raison reparaît et elle se fait .
reconduire chez elle.

Bientôt elle court les magasins, choisit,
bouscule, achète et donne une fausse
adresse pour la livraison —·souvent une.
vieille adresse où ses parents habitaient autrefois — s'étonne le lendemain de ses
achats, et retourne ses emplettes, qui ont
cessé de plaire. Parfois, lorsqu'elle tient
un coupon, elle laisse son ombrelle et sa
bourse et part avec l'étoffe sous le bras, il
faut la rappeler à la réalité, tant les lacunes
s'étendent et se développent maintenant
dans sa lucidité; elle devient *pickpockette*
sans le savoir et ferait, Dieu me pardonne,
des enfants par distraction.

Ce qu'il y a de pis, c'est que le mari

devient aussi nerveux que sa femme et,
dans ses affaires de bourse, il se prend à
commettre des prêts sans couverture.

VII

NÉVROSE DU SURMENAGE

QUE n'a-t-on pas dit, que n'a-t-on pas écrit dans ces derniers temps sur le surmenage dans nos lycées? Il s'est

produit un chassé-croisé d'articles pour et contre, ayant tous absolument raison, selon les différents points de vue où se plaçaient les auteurs.

L'Université a laissé passer l'orage, prête à faire des concessions au vainqueur du tournoi. Telle une bonne fille qui attend la fin de la lutte pour offrir ses couleurs à celui qui a terrassé l'hydre.

Aujourd'hui que les lutteurs ont rentré leurs grands sabres, personne ne songe plus au surmenage, il n'y a plus que des surmenés. Cherchons à nous placer sur un nouveau terrain pour démontrer l'inutilité de ces stériles discussions.

Qu'entend-on en effet par surmené? Est-ce un être quelconque qui a vraiment trop à faire? Si oui, nous connaissons pas mal de surmenés dans ce bas monde et pas n'est besoin de les chercher dans les lycées seulement.

Voyez du haut en bas de l'échelle sociale si beaucoup n'ont pas une tâche trop rude à remplir pour le bon équilibre, non seulement de leurs nerfs, mais encore de la plus vulgaire santé.

Demandez à tous ces affamés, qui ont charge d'âmes, quelle que soit du reste leur classe, si la besogne qu'ils ont à remplir ne dépasse souvent pas les bornes du possible.

A côté de l'ouvrier indépendant dont on prend si grand soin, et cela, en raison directe de son influence dans nos balances électorales, nous trouvons une quantité de laborieux fort intéressants, dont on ne règle ni les heures de travail, ni les prix du salaire, qui n'ont ni chambre syndicale, ni conseil de prud'hommes et qui n'en ont pas moins droit à toute la sollicitude de nos gouvernants; mais ceux-là sont les sages, retenus qu'ils sont par les liens de la famille ou par des devoirs sociaux dont ils ne peuvent s'affranchir; ceux-là ne se révoltent pas, ne font pas de grèves, votent généralement pour le pouvoir établi; donc! on n'a pas à s'en préoccuper.

A côté de ces mercenaires non classés

et qui travaillent comme quatorze ou quinze nègres, nous trouvons la femme dont le sort n'est pas moins intéressant; car, quoi qu'on dise, toutes ne peuvent pas demander au vice, même avec la meilleure bonne volonté, le pain quotidien pour elles et pour leur famille. C'est encore là une catégorie qui ne vote pas, donc c'est une quantité négligeable, mais elles n'en sont pas moins surmenées et voudraient bien aussi qu'on s'occupe un peu d'elles.

Tout compte fait, on pourrait affirmer que la bonne moitié de la population parisienne est absolument surmenée; nous pourrions même dire, comme médecin, que ce sont moins les mauvaises conditions hygiéniques d'une population agglomérée qui sont cause d'une mortalité sensiblement supérieure à celle de la province, que le surmenage très accentué de toutes les classes sociales; le vice lui-même n'y entre que pour la plus infime partie.

Oui, le travail est absolument écrasant à Paris, car, si l'on compare le travail quel-

conque d'un ci-
tadin à celui
d'un rural, la
besogne abattue
est au moins
dans la propor-
tion de cinq
contre un, tel-
lement l'habi-
tude de travail-
ler vite et bien
est dans les
habitudes pari-
siennes, et cette
habitude ne
s'acquiert abso-
lument que par
la dure néces-

L'SUR MENAGE...
C'EST BIBI.

sité où l'on est de travailler ainsi pour se
sustenter et se suffire.

Donc, le surmenage n'existe pas seulement dans nos lycées, il existe dans la population entière des grandes villes à l'état
endémique; c'est là surtout qu'il y aurait

13

beaucoup à dire, et, dans ce nouveau tournoi, qui s'impose à nos économistes, il y
a pour eux de belles lances à rompre.

Mais, si nous laissons de côté le surmenage
manuel pour ne nous occuper que du surmenage intellectuel, nous verrons encore celui-ci
fleurir dans tout son épanouissement partout ailleurs que dans nos lycées et beaucoup
plus intéressantes en sont les victimes à
notre avis, car nos enfants ne sont pas absolument condamnés aux humanités forcées,
tandis qu'une très grande quantité de nos
concitoyens sont dans l'obligation d'user
leur cerveau dans un labeur véritablement
écrasant pour faire face aux cruelles néces-
sités de la vie.

Le seul véritable intérêt qui s'attache à
la question du surmenage dans nos lycées,
c'est de savoir si l'enfant n'est pas une victime de la vaine gloriole paternelle, car,
s'il n'est pas véritablement apte à se bourrer
le cerveau de sciences, les parents nous
semblent coupables au premier chef et font
acte d'abus de pouvoir ; le crime physiolo-

gique devrait être non moins punissable que le crime physique.

C'est ce que nous allons démontrer ici :

Le jeune Louis Garot a été élevé par ses grands parents en pleine campagne du Puy-de-Dôme, alors que ses parents directs faisaient prospérer à Paris une crémerie à la mode.

Le jeune Louis était un obstacle à la prospérité de l'établissement lorsqu'il vint au monde, mais les parents s'en débarrassèrent — tendrement — au profit d'une grand'mère qui en aurait soin. — Cela se fait tous les jours pour le plus grand bien des enfants et pour la plus grande joie des vieux parents, surtout lorsque ces intéressants mou-tards apportent, avec leur gaîté, l'aisance dans la maison.

L'enfant se développa merveilleusement,
au point de vue physique, dans les montagnes de l'Auvergne; à sept ans, c'était ce
qu'on appelle un beau gars, bien planté,
robuste à souhait; du reste, il avait de
qui tenir : fils et petit-fils de vigoureux
paysans, tous Auvergnats depuis l'éruption du Mont-Dore. Ce sont là des quar-
tiers de noblesse qui en valent bien
d'autres au point de vue de la pureté du
sang.

Donc pas d'antécédents fâcheux, si ce
n'est la proverbiale probité de la race auver-
gnate greffée sur une intelligence un peu
rudimentaire. Honnêtes, mais simples, tels
sont les titres de nos anciens porteurs d'eau,
devenus frotteurs ou charbonniers par sup-
pression d'emploi — eau et gaz à tous les
étages !

Les parents du jeune Louis se sentant de
grandes dispositions pour le commerce vou-
lurent — nous l'avons dit — acquérir
leurs lettres de noblesse en fondant une
crémerie où le beurre et les œufs seraient

authentiques, ce qui ne contribua pas peu à faire *leur fortune,* tant il est vrai qu'il n'y a encore rien de tel pour prospérer que de vendre cher mais bon.

L'enfant, ayant atteint ses sept ans, fut rappelé des montagnes et l'on eut l'ambition d'en faire un herboriste, profession déjà beaucoup plus relevée que ne l'était la crémerie dans l'esprit des parents. *Quò non ascendam* parut être la devise de nos bons crémiers.

L'enfant fut mis à l'école du quartier où il remporta, à la fin de son année, un premier prix de gymnastique et un troisième accessit de persévérance. Les parents furent flattés, mais le maître de l'établissement leur dit avec bonne foi : que le jeune Louis n'avait aucune disposition pour les carrières libérales, si modestes soient-elles, et qu'ils feraient mieux d'en faire un crémier. Les parents crurent que le maître d'école manquait des aptitudes nécessaires pour *éduquer* leur fils et résolurent de le mettre dans un grand lycée ; au lieu d'en faire un modeste

herboriste, eh bien, ils en feraient un pharmacien.

Là, l'enfant fut complètement dérouté,
il devint en peu de temps la tête de turc de
ses petits camarades qui riaient à se tordre
de son pantalon tout neuf à côtes de velours
marron, de ses gants de filoselle dont les
doigts étaient véritablement trop longs, ce
qui lui donnait un air de ramoneur endi-
manché.

Il se piqua au jeu, devint butor et se fit
craindre par sa force de jeune taureau.

Il rentrait chez lui les yeux gros, le visage cramoisi, la tête en ébullition, décidé
à devenir aussi savant que les autres, et,
plein d'énergie, se mettait à ses devoirs, en
crachant préalablement dans ses mains,
comme il l'avait vu faire à son oncle avant
de fendre du bois.

Mais hélas! il eût beau cracher dans ses
mains, se mettre en bras de chemise, prendre son élan, il perdait la tête devant une
règle de syntaxe et passait par toutes les
couleurs de l'arc-en-ciel devant un problème

de géométrie; il soufflait comme un jeune
veau à la queue duquel on aurait attaché
une bassinoire, ne dérageait pas, flanquait
des coups de poing à tout faire voltiger sur
son pupitre.

Il eut des insomnies, des cauchemars, de la fièvre, du délire et les bons parents de lui donner des répétiteurs, comme s'il n'avait pas encore assez de ses heures de classes; et le malheureux enfant, plein de bonne volonté, peinait, suait, éclatait par tous les pores, sans jamais pouvoir assimiler le quart de ce qu'on lui débitait.

Bref, il eut des syncopes congestives et finit par une fièvre typhoïde à forme cérébrale.

Evidemment voilà bien l'histoire d'un surmené, mais combien il l'aurait moins été si on lui avait donné à fendre du bois chez son oncle !

L'amour-propre des parents est trop souvent le seul guide dans le choix d'une carrière. Quant aux aptitudes de l'enfant, elles sont rarement consultées, tellement on se figure qu'il suffit d'un peu d'argent pour acquérir beaucoup de science.

Que de crémiers sur terre cherchent à caser dans des carrières libérales des fils qui n'y brilleront pas s'ils peuvent y atteindre, et qui auraient fait cependant d'excellents boutiquiers, princes du comptoir, l'honneur du quartier, si on les avait laissés dans leur sphère.

VIII

NÉVROSE DE L'AMBITION

L y a des natures exubérantes qui naissent avec la ferme volonté d'arriver, quel que soit du reste leur point de départ, et qui arrivent fort naturellement à leur but comme si elles entreprenaient un trajet d'un point à un autre sur une grand'route départementale; et, chose curieuse, ces prédestinés de la fortune semblent ne jamais rencontrer sur leur route d'obstacles dignes de les arrêter, et, pour peu qu'il s'en présente un, ils le tournent ou le surmontent avec la désinvolture qu'ils mettraient à sauter un simple fossé.

Ces natures d'élite sont généralement bien douées, mais ce qui les caractérise surtout, c'est une belle santé qui leur permet de tout oser, certaines qu'elles sont d'être invulnérables de ce côté; mais comme elles savent que cette santé est leur seule mise de fonds, elles en ont un soin jaloux et ne s'exposent jamais à la compromettre par des folies où même par du gaspillage à petite dose; en un mot, elles sont chastes par raison.

On connaît en physique cette loi d'équivalence des forces où il est dit que : le mouvement peut être transformé en lumière, en chaleur, en électricité, etc.; l'ambitieux sait que son capital santé est une force dont il peut disposer et qu'il pourra toujours transformer en volonté, en persévé-

rance, en activité, au besoin même, en
amour pour arriver au but qu'il se propose
d'atteindre.

Par contre, il y a des natures malheureuses qui semblent naître avec le guignon,
qui se « noïeraient dans un crachat »,
comme le dit un dicton populaire et qui
passent leur vie à lutter contre la mauvaise
chance sans pouvoir jamais en triompher.

Sommes-nous donc fataliste et croyons-nous à la chance ? Non certes ! On peut être heureux quelquefois, retourner le roi après avoir bien battu les cartes, mais lorsqu'on joue longtemps à pile ou face, les chances s'égalisent, il n'y a que les grecs qui gagnent à coup sûr.

Il faut donc savoir, dans la vie, se servir de ses cartes de façon à souvent gagner, non pas en faisant sauter la coupe, ce qui est toujours une maladresse, mais en jouant son jeu serré, avec prudence et sang-froid, sans faire de fautes jamais ; c'est là le seul fétiche auquel nous croyons, et qui ne trompe pas.

L'exubérant naît donc avec un immense besoin de s'agiter, il est comme poussé par un ressort qui l'oblige à se produire, à dépenser ses forces vives, à se diriger vers un but ; car il a horreur de piétiner sur place, et a pour devise que : « ne pas avancer c'est reculer » ; aussi avance-t-il le plus qu'il peut vers la terre promise et lorsqu'il l'atteint jeune encore et plein de sève, il ne

s'arrête pas à ce rêve de jeunesse, il met le
cap sur un Eden plus merveilleux encore ;
au besoin, il ferait voile vers le paradis avec
la pleine confiance d'y arriver.

Pour un ambitieux, la vie se compose
d'étapes ; aussitôt que l'une sera franchie,
il se propose de se reposer, mais dès que le
repos est obtenu, il repart aussitôt vers un
nouveau but, se crée un nouvel objectif et
arrive sûrement où il veut aller, surtout
quand il a pour lui la sagesse de ne pas vi-
ser trop loin ni trop haut.

Nous avons connu un bien merveilleux
type de ce genre : d'abord élève d'une modeste école de village, son ambition était de
devenir le premier de sa classe. Dès qu'il
fut arrivé à son but, il voulut être sous-maître et le fut bientôt ; de sous-maître, il devint maître d'école ; c'était tout ce qu'il
avait pu rêver d'énorme comme position
sociale ; mais son exubérance aidant, il se
fit pion de l'Université et visa au baccalauréat, puis à la licence et finalement à l'agré-
gation et au professorat ; il est aujourd'hui

recteur d'académie, en attendant qu'il devienne ministre de l'instruction publique, il a du reste toutes les aptitudes de ce dernier poste et y parviendra sûrement si sa santé ne s'altère pas, car, pour lui, vouloir c'est pouvoir.

On pourrait croire que l'homme seul peut atteindre le but qu'il se propose et que seul il possède cette volonté, cette énergie, cette aptitude nécessaire à la réussite de ses projets ; mais la femme elle-même obtient ce résultat lorsqu'elle est trempée pour la lutte.

Il est vrai que la plupart des carrières lui sont fermées ; le commerce est à peu près la seule qui lui soit ouverte, mais, comme elle en profite pour s'y lancer avec toute la tenacité dont elle sait donner la mesure quand elle veut y consacrer toute son énergie et sa finesse native !

Nous avons connu tout particulièrement deux femmes dans ce genre et qui sont arrivées à la plus haute situation commerciale qu'on puisse rêver par le seul fait de

leur volonté. Elles avaient prédit, dès l'âge
de douze ans, le rôle qu'elles joueraient
dans l'élaboration de leur fortune, bien que
ni l'une ni l'autre n'eussent aucune ressource,
n'eussent ni la beauté qui tourne les têtes,
ni le goût des compromissions qui provoquent
des faveurs ; elles avaient simplement la grâce
qui charme, la droiture qui impose, la volonté qui fait tout fléchir.

Elles sont
encore au-
jourd'hui à
la tête de
maisons
considéra-
bles qu'elles
ont su créer

par leur seule activité ; et enfin ce qu'il y a

de plus merveilleux en tout ceci, c'est qu'elles
n'ont jamais été secondées par qui que ce
soit, pas même par leurs maris, qui sont
de véritables princes consorts et se contentent de faire figure dans le décorum de
la maison.

On pourrait croire que ce sont là des cas
anormaux et que, par le temps qui court,
les fortunes et les situations exceptionnelles
ne s'acquièrent qu'avec une chance énorme
ou à l'aide d'une conscience élastique fri-
sant la friponnerie.

Nous croyons, au contraire, très peu à la
chance et beaucoup moins encore aux fortunes faites malhonnêtement, car le chemin
le plus sûr et le plus direct sera toujours la
ligne droite ; il peut y avoir des excep-
tions, mais si l'on remonte à la source de
toutes les fortunes acquises, 99 sur 100 le
sont par la droiture et la probité. C'est là
une statistique bien encourageante pour
ceux qui luttent péniblement au début de
leur carrière.

Ce qu'il faut surtout à ces audacieux qui

tentent de décrocher la fortune ou les honneurs, c'est une bonne santé; nous parlons
de cette santé colossale qui permet de penser sainement, justement, logiquement et
d'aller droit au but sans tâtonnement, sans
perdre de temps, alors que les névrosés ou
les souffreteux n'ont le courage ni de penser, ni d'agir, ou, lorsqu'ils pensent et agissent, pensent de travers et agissent avec
mollesse, deux défauts qui retardent ou
arrêtent la marche en avant, et, par cela
même, le succès.

Emile Tis-
sier était fils
d'un pauvre
diable de gen-
darme, habi-
tant une mo-
deste com-
mune du dé-
partement des
Vosges. Elevé
à l'école du
village, il se

fit remarquer dès l'âge de cinq ans parmi ses jeunes condisciples qu'il surpassait avec la plus grande aisance dans tous les exercices du corps ainsi qu'à l'étude.

A neuf ans, le bon maître d'école n'avait plus rien à lui enseigner et se l'adjoignait pour diriger son petit troupeau d'enfants têtus et rebelles.

A dix ans, il fut envoyé aux frais de la commune, au collège d'Epinal, où il fit d'excellentes études ; il fut reçu bachelier ès lettres et s'en vint à Paris pour y tenter la fortune, sans autres bagages que son précieux parchemin et un capital de 50 francs, économies du pauvre gendarme.

Il aurait pu, comme tant d'autres, choisir le commerce ou l'industrie, ou bien se jeter à corps perdu dans le journalisme qui conduit rapidement aux honneurs lorsqu'on y réussit, mais il préféra un poste plus modeste et plus sûr, il entra dans un ministère, aux appointements de 1,200 francs. Il s'y fit bientôt remarquer par ses brillantes qualités d'ordre et d'initiative, fut

consulté par ses chefs, on le chargea de be-
sognes écrasantes, mais il en fut récom-
pensé par un avancement rapide ; à trente
ans, il était chef de bureau, décoré de la
Légion d'honneur ; à trente-cinq ans, chef
de division et officier ; à quarante-deux ans
conseiller d'Etat, directeur d'un de nos plus
importants services et commandeur de la
Légion d'honneur.

Voilà certes ! un ambitieux qui a réussi à
se faire une superbe situation, il ne la doit
qu'à lui-même, il est fils de ses œuvres et
peut s'en enorgueillir à bon droit.

Il a su tout surmonter, tout vaincre,
alors que le poste choisi au début semblait
le destiner à rester *rond de cuir* jusqu'à sa
retraite ; mille autres à sa place se fussent
contentés du grade de commis principal, de
sous-chef de bureau à la rigueur, en intri-
guant un peu ; voire même chef de bureau
en se mariant avec une jolie femme, en la
priant de faire quelques démarches près des
chefs dans leur cabinet... particulier. Non,
il fut le travailleur infatigable, probe, in-

tègre, le premier à son poste, le dernier
sorti, donnant l'exemple aux grands et aux
petits, il sut, sans intrigues comme sans

faiblesses, dominer la situation et rendre de signalés services à la France qui est honorée d'avoir de tels serviteurs.

Dira-t-on qu'il a eu de la chance, que la fortune lui a souri, que tout lui est arrivé par la faveur ou l'intrigue ?

Il faudrait être de mauvaise foi pour tenir un pareil langage.

Mais hélas ! cette belle médaille a eu son revers; ayant été cruellement surmené par un travail écrasant, notre héros s'est usé avant l'âge de la retraite, son estomac s'est détraqué, ses nerfs se sont irrités, il a des vertiges, des éblouissements, des lacunes dans la mémoire, des tics formidables dans les jambes qui lui donnent l'aspect d'une sauterelle sur une pelle à feu, on le nomme irrévérencieusement au ministère, dans la familiarité des petits emplois : « Criquet à la houppe », rappelant son tic et les trois cheveux qui surmontent son crâne dénudé.

Voilà bien l'épitaphe d'une carrière honorable, décernée par la jeune école à son vieux chef. Il passe même, grâce aux potins

de ces bureaux — qui sont de petits villages — pour avoir trop fait la noce dans
sa jeunesse! Le pauvre homme!

C'est souvent ainsi que s'écrit l'histoire.

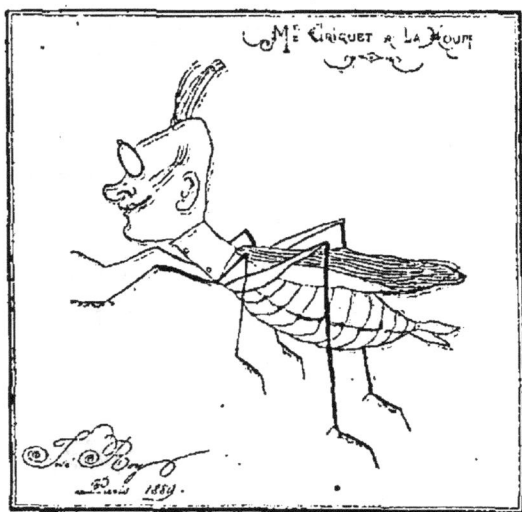

IX

NÉVROSE PAR PROCURATION

L est des natures complètement réfractaires à la névrose, on les dirait vaccinées avec de la moelle de marmotte par un Pasteur... protestant.

L'aspect du visage est austère, on croirait voir une bible sur des échasses ; le rictus fait l'effet d'une grimace et la parole d'une

sentence ; les gestes sont sobres et les vêtements empesés ; tout l'être entier semble
sortir d'une boîte et l'on cherche la mani-
velle qui meut cette grande machine qui
vous donne froid dans le dos.

Tel est le por-
trait du comte
de Pongis, nu-
mismate à ses
moments perdus
et conservateur
des hypothèques
de une heure à
trois — les jours
de fête exceptés
— qu'il consacre, du reste, à la paléonto-
logie, pour se distraire. Tel un porteur
d'eau qui se repose le dimanche en fen-
dant du bois.

Il est garçon, le front chauve — cela va
sans dire — il a quarante ans, la peau par-
cheminée comme ses grimoires, mais il a
le profil d'une vieille médaille ; une douai-
rière dirait de lui : Oh ! qu'il est bien ; une

14

pensionnaire de Saint-Denis s'écrierait : Oh ! là là ! quelle macreuse !

Comprenant — un peu sur le tard — qu'il se devait à son nom, ne voulant pas le laisser tomber en quenouille, il songea entre deux classements d'ornithorhynques, à se choisir une femme comme on prend un moule à cigarette, commode à porter, même en voyage.

Or, la fortune lui important peu, il médita quelques instants sur les qualités que devait remplir une femme, destinée exclusivement à faire souche de petits Pongis.

Il était naturaliste de profession, sinon en esthétique, il la

voulut jeune, de taille moyenne, de tournure agréable, gracieuse de visage, châtain
de nuance, d'une bonne santé et d'une mai-
greur raisonnable — toutes conditions qu'il
savait propices à la maternité — on ne
saurait trop prendre de précautions lorsqu'on est le dernier de sa race.

Il voulut aussi qu'elle fût orpheline, car
il se méfiait des beaux-pères et redoutait
les belles-mères — ce qui est assez naturel
— mais à un autre point de vue ; tenant à
la longévité de sa progéniture, il avait une
peur bleue de l'hérédité dans sa descendance
et eût préféré cent fois toute une lignée
d'aïeuls et d'aïeules plutôt que de prendre
pour femme une créature dont la mère serait morte de la poitrine et le père de *delirium tremens*.

Il fit donc des recherches nombreuses et
patientes — c'était du reste dans ses goûts
— pour satisfaire ses exigences sans compromettre la vie future de ses enfants ; il
s'adressa à ses confrères de province, sous
forme de circulaire, tous les conservateurs

d'hypothèques furent mis en l'air — ce qui
n'est pas commode —, tous les numismates
furent consultés, ils fouillèrent conscien-
cieusement toutes les vitrines départemen-
tales et répondirent sous forme de mémoire
que l'espèce était rare et qu'il fallait remonter à l'empereur Trajan pour en avoir un
spécimen.

Bref, un paléontologiste plus heureux
mit la main sur cette rareté et lui envoya
aussitôt la dépêche suivante : « Femme dé-
nichée, mère morte dans un incendie, père
emporté par un boulet, rien ne me paraît
héréditaire là dedans. »

Vingt-quatre heures après, le comte de
Pongis faisait sa demande officielle à la ré-
vérende mère du couvent de Bon-Secours
de Nancy, où la jeune fille était pensionnaire depuis huit ans, placée là à la mort de
son père, capitaine aux voltigeurs de la
garde, tué à Rezonville sous Metz.

Joséphine Chanteclair avait vingt ans
lorsqu'elle vit M. de Pongis au parloir
pour la première fois. Ce fut de part et

d'autre une affaire conclue en dix minutes.

— Vous êtes comte, monsieur ?

— Oui, mademoiselle ! pour vous servir.

— Ce n'est pas de refus, je m'en... nuie
ici, les murs sont trop hauts.

— En effet, la vue est très limitée...

— Vous êtes bien bon.

— Comment vous nomme-t-on ?

— Fifine..... ou plutôt Joséphine, et
vous ?

— Oscar.....

— Quel drôle de nom, est-ce que vous
êtes Suédois ?

— Non, mademoiselle, je suis du Périgord.

— Tant pis ; puis après tout, ça m'est bien
égal. Quand partons-nous ?

— Aussitôt les formalités...

— Pourquoi faire ?

— Adorable enfant, j'aime votre naïveté ?

— Vous trouvez ?

14.

— Oui, à bientôt! Permettez-moi de vous offrir le baiser des fiançaillès.

— Tout ce que vous voudrez...

C'est ainsi que se virent et se quittèrent... Oscar et Joséphine.

Quinze jours après on célébrait dans la

petite chapelle du couvent le mariage du noble comte de Pongis avec demoiselle Chanteclair.

Passons rapidement sur la lune de miel qui fut très calme de la part du comte, étant donné son air grave et son esprit méthodique, car dès le premier jour, après avoir regardé sur toutes ses faces le joli petit animal qu'il venait de s'offrir, il le classa, l'étiqueta et lui donna son jour; c'est ainsi que son carnet portait : *classe* des mammifères, *ordre* des bipèdes, *genre* écureuil, *espèce* apprivoisée, *variété* des linottes. — Quant au jour des expansions, il fut fixé au samedi entre 9 et 10 heures de relevée.

Le mariage fut pour Fifine ses premières vacances; elle s'en donna à cœur joie, mais en gamin turbulent qui saute, va, vient comme un moineau franc auquel on donne la volée ; elle avait de la reconnaissance pour son libérateur, lui sautait au cou, l'appelait son *gros loulou*, le nom d'Oscar ne lui venait pas naturellement à l'esprit, elle ne cherchait

pas et baptisait son sauveur du nom le
plus tendre qui lui tombait sous la main.

Elle avait au lit de charmantes naïvetés,
était bavarde à l'excès, racontait ses farces
de pensionnaire, ses niches aux bonnes
sœurs et ses confessions au vieil aumô-
nier; à trois heures du matin, elle parlait
encore, que son époux dormait à poings
fermés; c'est alors seulement qu'elle en
faisait autant, à son grand regret, car elle
eût bien voulu se dédommager amplement
des longs silences du cloître.

Le voyage de noces se passa sans inci-
dents dignes d'être relatés; elle, toujours
espiègle; lui, toujours boutonné jusqu'au
menton, au moral comme au physique, mais
Fifine en prenait son parti, c'était encore
moins triste que les murs du couvent.

On s'installa à Paris dans l'appartement
du comte qui lui fit voir toutes les jolies
merveilles de sa collection antédiluvienne,
lui expliquant chaque chose avec des noms
baroques, et Fifine de lui dire : Est-ce que
ça se mange tout ça ? et lui de sauter en l'air,

malgré sa gravité de magistrat.

Bref, la jeune comtesse de Pongis ne prit aucun goût pour la gent empaillée de monsieur son mari, traitant de poulailler la pièce où il renfermait ses vénérables collections.

De temps à autre on recevait un vieux savant, membre honoraire de quelque grande société de zoologie comparée et la pauvre Fifine de bâiller, mettant sur le compte de son nouvel état de femme grosse, les malaises qu'elle ne pouvait déguiser pendant ces conversations interminables sur les terrains tertiaires et leurs produits.

Elle avait parfois de ces épouvantes de jeunes mères, craignant d'accoucher de quelque caïman entrevu pendant son court apprentissage de naturaliste, et son mari de la rassurer avec toute la tendresse dont il était susceptible.

Enfin, le grand jour de la délivrance arriva, et, au lieu d'un alligator qu'elle redoutait ce fut une belle grosse fille que le ciel lui donna; elle allait enfin avoir une poupée avec qui parler de choses vivantes, qui la comprendrait, qui ne lui ferait pas voir des lézards du siècle de Pharaon et des médailles de l'époque des Atlantes.

Mais la jeune comtesse avait compté sans les désillusions du mari qui avait espéré un garçon; il lui tint rancune, envoya l'enfant en nourrice dans le Périgord. Il aurait supporté les cris d'un mâle par orgueil de race, mais il ne voulut, en aucune sorte, entendre les doux vagissements d'une fille, et la pauvre comtesse fut plus seule que jamais.

Un jour qu'elle furetait dans les papérassès de son mari à la recherche du dernier bulletin de la nourrice, elle vit sur l'agenda du comte, à la date de son mariage, la jolie petite note qui la cataloguait parmi les bipèdes, genre écureuil; ce fut une rage folle et sa main mignonne traça immédiatement au-dessous les lignes suivantes : Oscar de Pongis, de la *classe* des marguilliers, *ordre* des prédestinés, *genre* ennuyeux, *espèce* de sauvage, *variété* des melons.

Ce n'était peut-être pas là

une classification bien scientifique, mais
n'ayant pas lu de Jussieu, Joséphine s'en
moquait un peu; c'était avant tout une
petite vengeance féminine qui prenait date
et qui promettait de se poursuivre dès le
lendemain.

C'est alors que, pour la première fois, les
nerfs considérablement irrités, elle lui dit
son fait :

— Monsieur mon mari, vous êtes décidé-
ment un sot; vous aviez en moi une petite
femme charmante qui était avec vous d'un
contraste frappant, ce qui plaît généralement; j'étais gaie, j'avais la fraîcheur et
l'innocence; vous m'avez blessée, j'ai d'abord
tout supporté parce que vous ne vous adres-
siez qu'à moi. Aujourd'hui que vous me
faites souffrir en me privant de mon enfant,
je vous déclare la guerre et de ce jour je vous
préviens loyalement que vous aurez à compter avec ma volonté.

— Madame! pas de scènes ici, mon caractère n'en comporte pas. Vous êtes sans
famille, sans fortune, vous remplirez vos

devoirs d'épouse honnête et dévouée, ou je vous mets à la raison.

— Monsieur le comte! j'aurais pu m'incliner devant la douceur et la persuasion, mais devant votre égoïsme et votre sèche autorité je me révolte et m'insurge : nous verrons qui cèdera!

La maison fut un enfer, chaque jour amenait une nouvelle scène; au début, tout se passait encore avec un certain décorum, le ménage paraissait uni devant les rares visiteurs qu'on recevait, mais bientôt les invités furent pris pour arbitres, et comme ceux-ci étaient non seulement de vieux savants, mais encore de vieux garçons radoteurs se soutenant toujours un peu par esprit de corps, la jeune comtesse eut à subir le blâme de plusieurs; outre les tracas qu'elle subis-

sait dans son intérieur, elle avait encore les
sermons et les mercuriales lui venant du
dehors. C'en était trop pour l'équilibre de
ses pauvres nerfs, qui surtout n'étaient pas
retrempés par le grand air et l'exercice. Sa
saine raison sombra dans la tourmente à la
recherche d'une issue pour sortir de là avec
dignité.

Elle eut de profonds découragements, elle
pleurait autant qu'elle riait autrefois; cette
gaie linotte faisait retentir maintenant les
échos de son oratoire des plaintes et des
appels insensés de sa chair, le tout entre-
coupé de jolies petites crises de nerfs qui la
laissaient sans force.

Un jour, que de sa fenêtre ouverte, elle
aspirait le peu d'air qu'on lui mesurait avec
tant de parcimonie, et invoquait le ciel pour
qu'il la prît en pitié, elle vit aux mansardes
lui faisant face, une jeune tête tout em-
broussaillée de cheveux noirs crépus qui
chantait une romance aux cheminées de son
horizon, elle écouta, se pencha, entendit;
c'est ainsi qu'elle fut happée par le pêcheur

inconscient, qui du haut de son toit envoyait, au voisinage, ses hameçons sous forme de mélodies.

Elle s'y accrocha si bien, qu'un jour, trompant la surveillance de son geôlier, elle vint se jeter dans les bras de l'inconnu, peintre à ses heures et bohème toujours.

Ils chantèrent pendant deux heures la romance de Roméo et de Juliette avec accompagnement de baisers. Lorsqu'elle rentra chez elle, elle surprit son mari en train de classer de vieilles médailles du siècle d'Auguste ; lui frappant amicalement sur l'épaule, elle lui dit : ça y est, monsieur le comte, je viens de vous tromper carrément, j'attends maintenant vos ordres, je vous obéirai.

Le soir même, elle se retirait au couvent en attendant le divorce qui venait d'être voté ; son mari lui ayant envoyé ses malles et un titre de rentes de douze cents francs, elle lui renvoya le tout avec la lettre suivante :

« Merci, monsieur, pour votre délicate

« attention, la première, du reste, que vous
« manifestiez à mon égard, j'ai la petite
« rente que me sert l'État, comme fille
« d'un officier mort au champ d'honneur,
« cela me suffit, ne vous inquiétez donc
« plus de moi, vivez heureux au milieu de
« vos antiquités, c'est le bonheur que je
« vous souhaite.

« Vous m'avez procuré deux ans d'une vie
« honorable, mais trop chèrement achetée;
« j'ai eu votre nom, vous avez eu mes
« nerfs; ce n'est pas moi, je crois, qui suis
« votre obligée. »

              « Joséphine CHANTECLAIR. »

Voilà six ans que Fifine a racheté sa seule
faute au prix du dévouement le plus absolu,
elle s'est mariée avec son peintre dont elle a fait
un homme sérieux et qui travaille..... quelquefois, mais tous deux chantent en élevant
leur fils dans la crainte.... des numismates et
des conservateurs d'hypothèques. Les nerfs
de l'ex-comtesse se sont rétablis et la névrose n'est plus qu'un souvenir.

Quant au comte, calme et tranquille, il classe toujours ses médailles, sans penser à l'envers de la plus belle qu'il ait eue.

X

NÉVROSE RELIGIEUSE

L y a des maux qui se déplacent avec la plus grande facilité et se fixent, tantôt sur un point, tantôt sur l'autre, comme le ferait un voyageur de commerce.

Il en est cependant qui ne bougent pas, ce sont les maux sédentaires; une fracture ne se promène

pas d'une jambe à l'autre, pas plus qu'un
kyste ou une carie; mais par contre, certaines maladies sont vagabondes et semblent se déplaire où elles naissent, pour
aller tâter un milieu plus propice ou moins
compromis, il semblerait qu'il faille un
terrain vierge au mal pour y trouver son
existence et s'y développer plus à l'aise.

De toutes les maladies, la plus vaga-
bonde est certainement la névrose, surtout
la petite, dans laquelle on range la névral-
gie ; celle-ci passe du crâne dans un autre
siège avec la plus grande aisance ; on n'a
plus mal à la tête, c'est vrai, mais on a mal
ailleurs, tant pis si l'organe choisi supporte
moins bien son nouveau locataire. Un bail
semble se signer pour trois, six, neuf,
mais non à la volonté du preneur pas
plus que du bailleur ; le mal s'est fixé, il
y reste jusqu'à sommation médicale, et
encore !

La grande névrose est un peu moins va-
gabonde que ne l'est la petite, mais cependant elle se promène encore assez volon-

tiers et passe souvent des organes du mouvement dans le siège des facultés morales ; c'est ainsi qu'on peut avoir aujourd'hui une danse de Saint-Guy de la plus titubante venue, alors que demain vous serez parfaitement d'aplomb sur vos jambes, mais diablement détraqué au point de vue intellectuel.

. Hier, on boitait de tout un côté du corps alors que demain le raisonnement sera seul boiteux.

Ces transports du mal d'un point à un autre étant connus, passons à l'histoire suivante qui nous montrera, une fois de plus, que les deux extrêmes se touchent plus souvent qu'on ne le croit. C'est ainsi qu'on trouve parfois un homme de génie dans un assassin qui a manqué sa vocation et *vice versa*.

Léopoldine Baudouin était hystérique de mère en fille ; depuis plusieurs générations, on cascadait dans la famille, aussitôt qu'on le pouvait, c'était de tradition et jamais femme n'y avait failli.

15.

Vous raconter le nombre, l'âge et la profession des amants de Léopoldine, serait entreprendre la rédaction d'un almanach aux 500,000 adresses, nous préférons de suite renvoyer le lecteur à l'annuaire du commerce et de l'industrie, sans oublier le Bottin et le *Tout-Paris*, car la coquine était jolie, fort appétissante, malgré ses vices et ses quinze ans.

Elle était née dans le ruisseau, entre une voleuse et un ivrogne, c'est généralement là le berceau qui abrite cette innocence éphémère.

Or, un jour, il ar-

L'PÈRE

LA MÈRE

riva la singulière histoire que voici : deux
amis du meilleur monde rencontrèrent sur
nos boulevards cette nouvelle Nana en
quête d'un lit plus confortable que celui
qu'elle avait chez sa concierge de mère,
tout là-haut, à la Villette, dans un taudis.

Nos deux amis, qui avaient royalement
dîné, furent épris des yeux de cette péron-
nelle provocante et lui offrirent l'hospitalité
dans le petit entre-sol de l'un d'eux.

Glissons sur cette orgie qu'on rencontre
chaque jour à Paris, comme ailleurs, et
arrivons aux conséquences qui faillirent
devenir désastreuses pour nos deux amis,
quoique ceux-ci, en gentilshommes qu'ils
étaient, eussent somptueusement dédom-
magé de ses complaisances cette Messaline
d'un nouveau genre.

Voici ce qui était arrivé : Mme la concierge s'était brouillée avec Mlle sa fille —
sans doute parce que celle-ci lui rapportait
trop peu. — Depuis longtemps, la mère
menaçait sa chère enfant des foudres du
parquet, car elle était loin d'être majeure;

celle-ci lui répondait par un : « Va t'asseoir »,
aussi énergique qu'habituel, et continuait
sa petite vie de Patachon sans se soucier
beaucoup des menaces de sa mère. Or, un
beau matin, Mme Pipelet, de fort mauvaise
humeur, flanqua à sa noble fille une de ces
tripotées qu'on n'oublie pas, et déposa,
en outre, une plainte en règle à la pré-

fecture contre les « débordements de sa fille ».

Dès que la police est mise en demeure de sévir, elle s'exécute, et même sans cela; des ordres furent lancés, le commissaire du quartier instrumenta et, finalement, nos deux amis furent mandés par la formule sacramentelle : « M. X... est prié de passer au commissariat de police, tel jour, à telle heure, pour affaire qui le concerne. »

Lorsqu'on reçoit ce petit papier, on est à peu près sûr qu'on ne vous appelle pas là pour y faire un héritage; nos deux amis s'y rendirent néanmoins fort allègrement, ayant leur conscience tranquille, car ils avaient oublié déjà leur petite escapade.

Qu'on juge de leur stupéfaction, ils étaient visés par deux articles fort clairs du code criminel : *Détournement de mineure et attentat à la pudeur.*

On voit d'ici la tête de ces pauvres diables, très surpris de leur mésaventure et se demandant s'ils rêvaient ou si l'on se moquait d'eux.

On leur lut la loi, *dura lex sed lex;* ils

furent aba-
voyant dé-
pour la
Calédonie,
fers les plus
adieu, bou-
cercles et
champs;
Mariette,
Rosalie; a-
dorés, posi-
et marmots
tout s'envo-
d'aile et la
à l'heure
sait rose, se
sitôt pour
plus noirs

sourdis, se
jà en route
Nouvelle-
chargés des
lourds;
levards,
Long-
adieu,
Fifine et
dieu, rêves
tion sociale
de l'avenir;
lait à tire-
vie, qui tout
leur parais-
peupla aus
eux des
fantômes.

On voulut bien ne pas les arrêter tout
de suite, mais ils signèrent un long procès-
verbal où étaient relatés en entier les inci-
dents les plus futiles de cette lugubre nuit
de folies, détails, il est vrai, arrachés à la

pauvre fille qui tremblait de tous ses membres devant l'appareil imposant de la justice.

En sortant de là, nos deux amis titubaient comme des gens ivres, se demandant s'il ne valait pas mieux pour l'honneur de leur famille qu'ils se brûlassent la cervelle.

Heureusement qu'ils n'en firent rien : le temps et la réflexion apportèrent une détente dans leur esprit et six mois se passèrent sans qu'ils sussent où en était l'affaire.

Or, voici ce qui était advenu : le parquet, informations prises, s'était trouvé suffisamment éclairé sur la moralité de la famille et sur les fredaines de la fille, et, dans sa paternelle bienveillance — il en a quelquefois — avait trouvé plus convenable et surtout plus équitable d'interner la jeune fille dans une maison de repentir, que de déshonorer deux familles et de perdre l'avenir de deux hommes simplement coupables d'une légèreté. Cependant, les conséquences auraient pu en être graves en s'appuyant strictement sur le texte de la loi; il ne faut donc pas oublier la moralité de cette histoire qui, du reste, eut une suite, comme on va le voir.

Nos deux amis s'étaient perdus de vue dans la grande vie parisienne et cette affaire était à peu près oubliée depuis deux ans, lorsque brusquement, à l'angle de deux rues, ils s'étaient rencontrés nez à nez.

— Tiens ! comment vas-tu ? par quel hasard...?

— Pas mal, et toi ? et, à propos, notre vieille affaire...?

— Ah! mon cher, quelle drôle de chose que la vie, quelle singulière rencontre j'ai faite il y a trois mois, tu ne devinerais jamais.

— Mon cher, quelle que soit ton histoire, j'ai mieux que cela à te narrer.

— Ce n'est pas possible : conte-moi donc cela.

— Non, toi, commence d'abord.

— Eh bien, juge, mon cher, de la surprise : Un matin que j'allais flâner sur la butte Montmartre, il me prit la fantaisie de visiter la nouvelle église du Sacré-Cœur, pour en examiner l'architecture; la crypte seule en est terminée, j'y entrai; il y avait par hasard, ce jour-là, une foule de fidèles; c'était une fête sans doute, ce qui me contraria tout d'abord, n'étant pas venu là pour prier; je m'enquis près d'un donneur d'eau bénite de ce qui se passait et j'appris que c'était une prise de voile par quatre religieuses.

Je n'avais de ma vie rien vu de semblable, la cérémonie touchait à sa fin, je voulus voir ces visages de vierges, espérant y lire le mobile de leur vocation, le motif de leur foi ou la cause du sacrifice de leur vie.

Je m'approchai et fus bientôt en bonne place.

Elles étaient là toutes quatre, me tournant le dos, abîmées dans la méditation et le recueillement, recouvertes du voile des épouses du Seigneur; je ne pus donc rien distinguer d'abord, j'attendis avec patience; bientôt elles approchèrent de la sainte table pour y recevoir la communion.

J'étais ému, je ne sais quelle mystérieuse influence me clouait sur place; enfin, elles se retournèrent pour gagner leur place.

Juge, mon cher, de ma stupéfaction! là deuxième... tu ne devinerais jamais... c'était... Léopoldine! Un cri manqua de m'échapper, nos yeux se rencontrèrent; il me sembla que mille lames d'acier pénétraient mes chairs, mille bourdonnements me montaient aux oreilles, et moi, le sceptique! je me sentis remué de la tête aux pieds par un mal indéfinissable, je me sauvai comme un criminel poursuivi par le remords.

Voilà mon histoire, que dis-tu de cette singulière rencontre absolument due au hasard?

— Je dis, mon cher ami, qu'il y a des coïncidences bizarres qui semblent arrangées par le destin pour l'édification de nos consciences; écoute, à ton tour, ce qui vient de m'arriver :

Tu sais que j'aime monter à cheval; or, il y a quinze jours, j'allai passer la journée chez notre ami de Pardailhan, qui habite Montmorency, comme tu sais; là, je me procurai une rosse de louage pour faire un tour en forêt; la bête était rétive, je lui administrai une verte correction, elle s'emballa et vint finalement s'abattre contre un arbre à l'entrée du village.

J'avais été assommé par le choc et de plus j'avais une luxation du pied. On me transporta dans une pharmacie, mon ami vint m'y reconnaître et me fit transporter chez lui où je ne repris connaissance que fort tard dans la nuit.

Je ne sais si jamais il t'est arrivé semblable réveil, mais je t'assure que ce n'est que bien lentement que les facultés reparaissent une à une, la raison est la dernière

qui arrive avec son phare lumineux vous
permettant de comprendre.

En un instant, ma promenade au bois,
ma course folle, ma chute, tout cela me
revint à l'esprit; je me vis dans une chambre
que je ne connaissais pas et à mon chevet
une religieuse la tête penchée dans la méditation et la prière.

Au premier mouvement que je fis, elle
releva la tête, un cri m'échappa : je venais
de reconnaître... qui ?... Léopoldine !

Voilà, mon ami, une rencontre qui, je
crois, vaut la tienne, qu'en dis-tu ?

— C'est étrange ! Et tu ne pris aucun
renseignement à son sujet ?

— Si..., mon ami voulut bien dès le
lendemain faire une visite à la supérieure du
couvent qui venait de lui envoyer une autre
sœur de garde, prétextant que la première
était très fatiguée, et voici ce qu'il sut :
Léopoldine portait, depuis le jour de son
entrée dans l'ordre, le nom de sœur Madeleine ; elle était d'une piété exemplaire,
passait la plus grande partie de son temps

en prière, prosternée au pied de la croix,
était pour la communauté un modèle de
vertu, d'humilité et de contrition; il lui
prenait souvent des extases d'adoration à la
fin desquelles on la trouvait glacée sur le
sol.

Le vieux médecin du pays, consulté sur
son cas, avait simplement hoché la tête,
mais dans ses notes il avait consigné l'observation suivante : Sœur Madeleine, *sujet
nerveux, hystérie déplacée, religiosité compen-
satrice* (à surveiller).

XI

NÉVROSE PROTÉIFORME

ROTÉE, de très ancienne mémoire, avait le don de se transformer avec une grande aisance en table, dieu ou cuvette, selon les besoins de sa cause. Ce doit être, du reste, le premier opportuniste en date.

La névrose, à

son tour, sans être déesse, jouit du même privilège; cependant cette transformation n'est pas toujours volontaire, tant s'en faut.

Qu'une femme ait parfois une petite crise de nerfs dans un moment opportun, cela peut être fort utile; nous avons même vu assez souvent des maris courir chez le premier pharmacien venu à la recherche d'un peu d'éther pendant que des situations critiques se dénouaient dans la pièce voisine au gré du Dieu malin qu'on appelle Cupidon. Mais dans la majorité des cas, c'est inopinément qu'une transformation a lieu et bien marries sont celles qui sont frappées d'accidents plus graves que ceux qu'elles avaient antérieurement.

L'histoire suivante nous le démontrera :

Mlle Yolande avait vingt-quatre ans, lorsque je fus mandé en toute hâte pour lui donner des soins; il s'agissait d'une simple hémorrhagie déterminée par une petite plaie qu'elle s'était faite en tombant d'un premier étage, alors qu'elle était dans un état de somnambulisme.

Cette crise, me dit-on, lui était habituelle et jamais il ne lui était survenu d'accidents. Un simple morceau de taffetas sur la plaie eut raison de l'hémorrhagie, et j'allais quitter la maison lorsque le « protecteur », rassuré sans doute par mon âge, voulut bien me consulter sur l'état nerveux de sa chère petite femme.

Mais tout d'abord, en narrateur fidèle, je dois dire dans quel singulier milieu j'étais tombé et le lecteur jugera de quel côté se trouvait la plus grande somme de névrose.

Cela se passait vers l'année 1880, dans une de ces grandes et belles propriétés qu'on voit encore aujourd'hui dans le parc des Princes, au Bois de Boulogne.

L'habitation, très somptueusement meublée, était fort retirée et les murs très élevés ; deux chiens énormes, dits chiens Danois, couraient en liberté, la nuit comme le jour, dans le parc entourant la propriété ; ils ne laissaient entrer personne sans montrer la plus méchante humeur, et il fallait toujours être accompagné d'un habitué de la maison pour ne pas être dévoré.

Deux servantes de grand air, aux gestes brusques, automatiques et froids, étaient les seuls serviteurs de l'habitation; toutes les portes étaient en chêne massif, et leurs principaux orne- ments consis- taient en serru- res, barres de fer, chaînes et verrous.

De mémoire de fournisseurs ou de voi- sins on n'avait vu entrer un seul être vivant par la porte du parc donnant sur la rue; la maison était sans doute approvi- sionnée pour soutenir un siège, ou bien, elle devait se ravitailler par quelque trappe

16

secrète ou, encore par les soins de quelque génie, gnome ou sylphe qui ne laissait nulle trace de son passage, car, même par les grandes neiges de l'hiver, on ne voyait aucun indice d'être vivant; néanmoins, toutes les nuits des lumières couraient d'étage en étage, piquant l'obscurité de leurs scintillements.

On appelait dans le pays cette singulière habitation « la maison mystérieuse »; en effet, tout y était mystère; monsieur n'y était connu que sous le nom de « Monsieur » et madame sous celui de « dame Yolande »; du reste, on parlait peu, jamais une des domestiques n'ouvrait la bouche; on les aurait cru muettes si le danger couru par dame Yolande, lors de son hémorrhagie, ne m'eût permis de constater qu'elles avaient bien réellement une langue.

Si cette habitation se fût trouvée en province, nul doute que le passant ne se fût signé en longeant ces hautes murailles qui ajoutaient encore au mystère une vague idée de prison; mais les habitants des environs de Paris passent pour des *esprits forts* et ne se laissent pas facilement intimider.

Cependant, on m'affirma dans le pays que des insinuations anonymes avaient été adressées au Parquet et qu'une descente de police avait eu lieu; la maison n'en resta pas moins après ce qu'elle était avant, preuve que tout s'y passait à peu près normalement ou tout au moins qu'on n'y conspirait pas, on n'y fabriquait pas de fausse monnaie, ce qui est l'essentiel pour la sûreté de l'Etat et pour l'intérêt public.

Il ne me reste plus qu'à faire une description sommaire de mes deux clients.

« Monsieur » frisait la cinquantaine : d'aspect froid, mais plein de distinction; la parole était brève, le langage correct et même élégant; l'œil était un peu dur et le geste semblait habitué au commandement, ce devait être « quelqu'un » assurément.

« Dame Yolande » mérite une description non moins étendue : jeune, comme nous l'avons dit, très jolie d'ensemble, élégante de tournure, la taille excessivement mince, la poitrine très saillante et très ferme — nous avons pu en juger, comme on le verra par la suite — les mouvements gracieux ou plutôt ondoyants avec un léger balancement de créole rappelant le félin ; des yeux brillants d'humidité, mais un peu petits, de longs cils noirs surmontés de sourcils trop fournis et ayant une forme d'accent circonflexe un peu trop marqué pour la

grâce du visage, une très longue chevelure
brune, soyeuse et fine. Au moral? une victime résignée, ne sachant que faire de son
corps, sans volonté, semblant toujours
craindre une cravache invisible; des toilettes
riches, d'horizontale de haute marque, por-
tées sans goût; plus déshabillée qu'habillée, en un mot, toujours prête à se mettre
au lit.

Passons à la consultation qui m'était
demandée : Docteur, me dit le maître de
céans, vous voyez là une petite femme singulière et dont la santé m'inquiète; je l'ai
prise orpheline le lendemain de la mort de
sa mère qu'elle chérissait. La première
année se passa en des larmes abondantes,
justifiées peut-être par la perte de sa mère
ou plutôt par l'ennui de sa nouvelle position qu'elle sentait fausse.

Je l'ai entourée de tous les soins, de
toutes les tendresses, de toutes les futilités
qu'une femme souhaite habituellement; elle
s'est résignée et ne pleure plus, seulement
elle est sujette à des crises singulières qui

16.

m'inquiètent : elle rêvait d'abord les yeux
ouverts, me racontant les·moindres détails de ma vie avec une lucidité surpre-
nante.

J'avais une vague notion du magnétisme
et je m'exerçai à développer chez elle cette
singulière faculté; je ne sais si je m'y suis
mal pris, mais, à partir de ce moment, il
se manifesta un changement dans son état
général : elle était insensible de tout un
côté du corps, j'avais beau la piquer,
éveillée ou dormant, elle ne ressentait rien;
un jour pourtant, renouvelant mon expérience, je fus fort surpris de constater de
ce même côté une exagération de la sensi-
té, alors que le côté, qui était resté sain
jusque-là, était devenu à son tour insensible.
Bientôt je remarquai une alternance dans
cette insensibilité, tantôt elle apparaissait
d'un côté, tantôt de l'autre avec des intermittences variables; quelquefois même elle
avait recouvré sa sensibilité normale et parfaitement égale des deux côtés; parfois son
regard était singulier, elle louchait légère-

ment, et son caractère, pendant cette déviation de la vue, devenait fantasque, capricieux, bizarre.

Bientôt des crises plus accentuées apparurent, ce furent d'abord des extases sans fin, une dévotion exagérée ; se prosternant à genoux et se frappant la poitrine, elle ne mangeait plus, ne buvait pas, aucune fonction n'était active ; elle était comme insensible, se maintenant dans des positions extatiques très pénibles et comme en dehors des lois naturelles de l'équilibre.

Lorsque je voulais intervenir par mon autorité, une crise de nerfs se produisait suivie d'un état cataleptique effrayant qui durait des heures, puis bientôt des jours entiers.

Elle sortait ensuite de cet état avec des crises de rire interminables et saccadées qui me firent redouter la folie ; bientôt tout rentrait dans l'ordre, elle buvait, mangeait avec appétit, ses qualités natives reparaissaient et j'étais rassuré.

D'autres fois, la parole semblait s'altérer,

la langue était comme paralysée, les mots sortaient mal, le timbre de la voix était rude, une petite toux rauque se faisait entendre, elle semblait aboyer ; puis, brusquement, un flot d'injures, de grossièretés d'obscénités, même se faisait jour. Je ne sais vraiment pas où elle avait pu entendre de pareils mots, elle si réservée d'habitude et si convenable autrefois.

Enfin, de nouveaux accidents venaient me surprendre ; elle devenait tout à coup aveugle, ne voyait pas même la lumière d'un flambeau placé devant ses yeux qu'elle gardait grands ouverts. Cette cécité durait huit, dix et même quinze jours ; heureusement que la première fois cette cécité ne dura que quelques heures, ce qui me permit de penser que tout cela était purement nerveux

et que sa vue n'était pas autrement compromise.

Ce qu'il y a de particulièrement remarquable dans ce cas, c'est que, pendant la
période de cécité, tous les autres troubles
nerveux se dissipaient, il ne restait absolument rien dans son esprit qui pût me faire
croire à une névrose ; elle était câline, tranquille, affectueuse et je l'eusse toujours
souhaitée ainsi.

Or, docteur, depuis deux ans, tous ces
phénomènes se succèdent et alternent avec
de très rares intervalles de calme complet;
c'est à ce point que je me demande ce que
je lui souhaite d'avoir pour ma plus grande
tranquillité et pour son repos personnel,
car toutes ces manifestations comportent
leurs ennuis et des soucis pour moi.
Donnez-moi donc quelques conseils à ce
sujet.

— Monsieur, lui répondis-je, le cas me
paraît grave, la névrose a pris un tel caractère de périodicité et d'énergie, qu'il faut
remonter absolument à la source des pre-

mières manifestations pour en connaître la
cause, car il ne s'agit pas seulement de
traiter les symptômes, mais encore faut-il
modifier le régime qui me paraît dominer
la situation.

— Mais, docteur, je vous ferai remarquer que le régime est convenable, j'ai
quelque teinte de l'hygiène, nous ne mangeons que des choses fort saines et...

— Il ne s'agit pas de l'alimentation que
je crois irréprochable chez vous, mais bien
de l'exercice, de la distraction, du changement de milieu, etc.

A ces mots, le front de mon interlocu-
teur sembla s'assombrir, mais un éclair de
joie brilla dans les yeux de la pauvre enfant.
Monsieur se leva en s'inclinant. C'était
mon congé en bonne forme. Cependant il
fut galant homme et me reconduisit jusqu'à
la grille avec urbanité, mais derrière moi
j'entendis grincer les verrous et je rentrai
très préoccupé de ce que je venais de voir
et d'entendre.

A quelque temps de là, on revint me

chercher pour une luxation du coude que
la jeune femme s'était faite dans une crise;
je la réduisis aussitôt, mais je dus appliquer
un bandage contentif qui demanda un certain temps; c'est alors que « Monsieur »
voulut bien encore me demander quelques
conseils au sujet de la santé de plus en plus
compromise de sa chère Yolande. Mais
alors, m'armant de toute ma volonté, je le
regardai bien en face comme si j'eusse voulu
à mon tour l'hypnotiser; je ne sais s'il se
trouvait dans une disposition d'esprit spéciale, ou si réellement j'eus le pouvoir
de le dominer, dans
tous les cas il répon-
dit, mais comme à
regret, à toutes mes
questions; c'est ainsi
que je sus ce qui
suit :

Vicieux dans son
jeune âge, il se livrait
à des plaisirs solitaires
qui réduisirent son

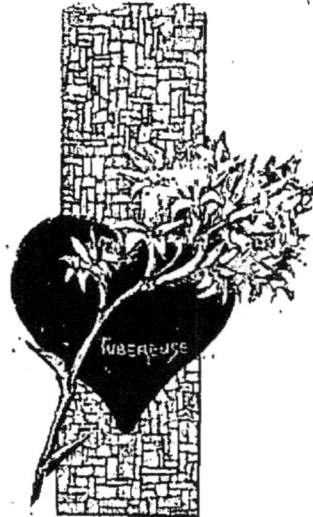

état génital à l'inertie la plus complète, et plus tard, alors qu'il était parvenu à l'âge d'homme, et marié, il ne trouvait aucun attrait près de la femme ; il était toujours obligé de recourir à son vice honteux pour satisfaire ses passions. C'est alors qu'ayant connu cette jeune fille sans famille, sans fortune, il songea à se guérir de son affreuse maladie.

Il prit donc cette vierge toute palpitante de santé, de sève et de jeunesse, espérant en faire l'instrument de sa guérison.

Mais hélas ! il eut beau développer en elle les plus criminelles excitations, cet homme n'obtint jamais aucun réveil de ses chairs endormies ; il eut beau appeler à son aide toutes les raffineries de la plus honteuse luxure, la glace de ses sens ne se fondit pas.

Cette malheureuse créature, absolument passive, passait ses nuits, sur l'ordre du « Maître », dans des accoutrements bizarres et dans des postures insensées.

Cette pauvre victime apprenait des rôles

hideux de femme lascive qu'elle répétait sans conscience, avec des cris déchirants, tandis que sa propre chair se tordait dans des feux continuellement attisés mais toujours inassouvis.

On peut juger par là, de l'état des nerfs de cette pauvre enfant qui depuis six ans faisait ce métier infâme sur l'ordre de cet immonde Satrape, d'autant plus cruel, qu'il n'obtenait aucune des satisfactions qu'il avait espérées de cet instrument de plaisir, bien capable cependant, par ses rares qualités, de réveiller les sens les plus engourdis.

Qu'avais-je à faire dans cette galère dont les débordements soulevaient le cœur de dégoût ?

Devais-je tenter de sauver cette créature de son horrible milieu ?

Il n'y fallait même pas songer ; il eût été plus facile de retirer un os de la gueule d'un chien affamé, que de sortir cette jeune femme des griffes de ce monstre.

Je crus donc de mon devoir de prescrire absolument, en dehors des calmants généraux, le grand air des montagnes, des excursions pittoresques, la fatigue de la marche, etc., afin d'obtenir, par un changement de milieu surtout, la cessation complète des excitations cérébrales de « Monsieur »; car il fallait, avant tout, faire comprendre à cet égoïste que c'était particulièrement à lui que s'adressait le traitement et qu'il obtiendrait beaucoup plus de cette prescription que de tous les raffinements voluptueux qu'il avait en vain cherchés.

On me promit tout ce que je voulus, mais il était bien tard ; une série d'accidents nerveux retinrent au lit cette pauvre fille secouée par une tempête cérébrale épouvantable qui provoquait chez elle jusqu'à vingt crises éclamptiques par jour.

Je fus souvent appelé, et c'est là que je vis les plus terribles contorsions que

jamais damné eut à subir sur le gril des enfers. La pauvre femme, après avoir déchiré ses vêtements, nue comme un ver, se tordait avec de sinistres craquements de membres et des bruits d'entrailles à faire croire que tous les vents s'y étaient donné rendez-vous ; elle se renversait dans les plus singulières postures et bondissait comme une jeune chèvre sans s'inquiéter des chocs qui meurtrissaient son pauvre corps secoué par les convulsions. Je crois cependant posséder une grande puissance musculaire, car je suis bâti en hercule, mais j'étais absolument dans ses mains à l'instar d'un volant sur une raquette et ne semblais pas lui peser une once. Nous dûmes attendre la fin de la crise en simples spectateurs que nous étions, « Monsieur » et moi.

Nous fîmes dès le lendemain matelasser la chambre du haut en bas, et c'est là que, pendant quinze jours, se passèrent les crises les plus épouvantables qu'il soit permis à un être humain de voir sans mourir d'effroi.

Je dois ajouter que pendant cette période de tourmente, aucun aliment n'avait été pris, pas même une goutte d'eau, tellement les mâchoires étaient serrées, la langue mordue et tuméfiée.

Je ne m'étendrai pas plus longtemps sur cette terrible observation, mais comme je disais au début de ce chapitre que je ne savais de quel côté se trouvait la plus grande névrose, je dois terminer par un mot et le lecteur jugera.

Un jour que tout était rentré dans l'ordre je fus invité à dîner par « Monsieur »; je pensais qu'il s'était enfin humanisé, il me reçut avec un air étrange et me dit à brûle-pourpoint, me fixant entre les deux yeux : « Vous savez trop de choses, Monsieur, vous êtes un homme dangereux.» Je lui répondis : « Ne sommes-nous pas obligés au secret professionnel par état ? » — « Oui !... c'est vrai. »

Puis, changeant soudain de physionomie il demanda avec douceur pour quelle heure serait prêt le dîner ; ayant eu la réponse, il me dit : « Nous avons le temps de faire un tour de parc. »

Bientôt nous arrivâmes au fond de celui-ci, où je vis un tir parfaitement installé, je fis même la remarque que tout y était disposé comme si l'on y attendait des tireurs. Il me répondit d'un air étrange : « Peut-être. »

Il prit aussitôt un pistolet et fit mouche à vingt pas environ ; je lui fis mes compliments ; c'est alors qu'il me proposa une partie de carabine en six points à cinquante mètres de distance.

Ayant quelque habitude des armes j'acceptai ; il me fit les honneurs du début et je tirai mes six balles avec assez de succès ; je dois ajouter qu'en raison du jour qui baissait il se tenait à deux mètres sur le côté de la cible avec une grande indifférence pour m'indiquer les coups.

A mon tour, je lui rendis le même service avec non moins de bravoure, et, de sa première balle, il fit mouche ; quant à la seconde... elle me passa à un millimètre du front, grâce sans doute à l'obscurité relative ou à un mouvement que je fis, car certes, cette balle-là m'était bien destinée.

J'allai à lui avec une certaine crânerie lui faire tous mes compliments pour sa maladresse volontaire et je sortis de cette singulière habitation où l'hospitalité se traduisait par de si dangereux hors-d'œuvre.

Le lendemain, il avait quitté le pays; je sus plus tard qu'il s'était rendu justice en se brûlant la cervelle dans une de ses propriétés. Quant à Yolande, cette vierge folle, je ne sus jamais ce qu'elle était devenue.

XII

NÉVROSE MYSTIQUE

N OUS entrons ici de plein pied dans le domaine des conceptions sentimentales avec lesquelles on ne peut guère discuter ni se permettre de faire intervenir la raison ; car qui dit *sentiment* exclut de ce fait *la logique*

et le *raisonnement*. C'est ün sentiment, voilà tout; l'amour, du reste, est de ce genre, c'est sans doute pour cela qu'on le repré- sente avec un bandeau sur les yeux, pour bien démontrer que la raison ne participe en rien au sentiment qui est une des facultés de l'âme, alors que l'*intel- ligence* elle-même n'oc- cupe que le degré infé- rieur; car, qui dit in- telligence dit encore *déduction*. Mais le sen- timent est d'ordre *mys- tique*. Il existe, c'est tout ce que l'on peut en dire.

On aime parce qu'on aime, on croit en Dieu ou au diable, parce qu'on croit; dès que la logique intervient, adieu le sentiment, on discute, on ergote et l'on doute. Avec le sentiment, rien de semblable n'est à craindre, on voit

avec les yeux de l'âme, tant pis s'ils sont recouverts de lunettes grossissantes ou de verres de couleurs ; tel on voit, tel on sent ; ou plutôt, il nous paraît plus juste de dire : tel on sent, tel on voit.

L'*hallucination* est déjà plus matérielle, elle porte sur les sens, on voit par les yeux, des objets qui n'existent pas ; on entend par les oreilles, des bruits imaginaires ; on a le goût, la saveur, l'odorat, et le tact de substances qui n'existent que dans l'imagination du sujet, mais on n'en voit pas moins par ses propres sens ; la logique et la raison font seules défaut pour se convaincre de la *non-réalité* des choses perçues.

Le *mysticisme* est bien différent, c'est le *sentiment* substitué à la *raison ;* autrement dit, c'est un état cérébral particulier des organes de la pensée qui consiste à croire à l'existence de forces immatérielles capables de modifier et de transformer tout ce qui est matériel, soit en dedans, soit en dehors de soi ; la pensée est pour ainsi dire la grande

17.

créatrice à laquelle la matière est sou-
mise.

Pour le mystique, le corps n'est qu'une
pensée habillée avec de la chair, l'organisme
n'est qu'un vêtement qu'on peut modifier
selon la volonté de celui qui pense longtemps et toujours à la même idée.

Que dit la science actuelle du mysticisme ? Oh ! elle n'y va pas par quatre chemins, elle déclare d'emblée que c'est une
variété de la *monomanie* — lisez folie — et
un symptôme du *délire mélancolique*. En un
mot, tout sentiment qui n'est pas déterminé par la raison, est un genre de folie
qu'il faut traiter à Bicêtre ou à la Salpê-
trière, selon le sexe des intéressés.

Cependant la science, dans une de ses
branches qu'on nomme la physiologie, admet que le fait de penser constitue un état
particulier d'activité cérébrale qui entraîne
une modification dans la circulation par
l'intermédiaire des vaso-moteurs, et par
suite, de la nutrition et de la sensibilité
proprement dite.

C'est ainsi qu'on a pu, sous l'influence d'une exaltation cérébrale absolue, constater des faits réels qui sortent des lois régulières de l'organisme et pour n'en citer qu'un entre mille, rappelons, en quelques mots, la fameuse histoire de Louise Lateau, la *stigmatisée* de Bois-d'Haine (Belgique).

Cette jeune fille avait entrevu Jésus crucifié et pour qu'elle eût un bon souvenir de lui, elle devait porter pendant trois mois les stigmates de la crucification ; et en effet, d'illustres savants ont pu constater qu'elle portait bien aux pieds et aux mains des ecchymoses sanguinolentes correspondant exactement à la place des clous, et chose

plus remarquable, une plaie au côté donnant régulièrement chaque jour, à travers les téguments de la peau, restée intacte, environ une cuillerée de sang noir, à l'heure exacte où le Christ avait dû recevoir le coup de lance qui lui perçait le flanc, et de son front, s'échappaient des gouttelettes de sang, comme si elle eût été elle-même couronnée d'épines.

Que dire de ces faits indéniables qui se sont passés à notre époque et pour ainsi dire à nos portes et qui ont été contrôlés par des hommes de la plus grande valeur, bien décidés à ne pas se laisser mystifier ?

Il faut en conclure qu'une volonté bien arrêtée est capable d'engendrer de très singuliers phénomènes ; nous constatons les faits, mais nous ne les expliquons pas, si ce n'est de cette façon que l'*idée fixe* détermine souvent des manifestations bizarres et un centre d'activité pouvant fausser les lois naturelles les mieux établies.

Il y a toutefois des êtres mieux prédis-

posés que d'autres à manifester ces singuliers phénomènes, ce sont surtout les vieilles
filles chastes, preuve évidente que tout état
anti-naturel comporte sa peine ; nous allons
le prouver :

Adèle Simon avait trente-quatre ans
lorsqu'elle devint notre cliente, elle tenait
une pension dans le quartier Saint-Georges
et demeurait avec sa mère, veuve depuis
longtemps.

Ces deux femmes étaient intelligentes,
mais sortaient peu. Mlle Adèle, comme on
l'appelait dans la classe, était à la hauteur
de sa mission d'éducatrice, elle était ins-
truite, foncièrement honnête et ne transi-
geait pas avec les lois de la plus saine morale. Elle faisait d'excellentes élèves qu'elle
préparait pour le brevet supérieur ; sa pension avait quelques succès, elle était donc
entourée du confortable nécessaire et jouissait de l'estime la mieux justifiée.

Sachant que je m'occupais des névroses,
elle vint me trouver pour m'exposer son
cas ; voici brièvement sa confession : « Un

jour que ma classe venait de se terminer, je
me mis à la fenêtre et je vis en face, un
homme d'une quarantaine d'années, fumant
tranquillement un cigare, les coudes ap-
puyés sur la barre d'appui de sa fenêtre ; il
me sembla qu'il m'avait remarquée et qu'il
dardait sur moi des yeux étranges ; je re-
ermai ma fenêtre, fort troublée par cette
apparition et je me mis à lire pour détourner mes pensées de cette vision ; mais, in-
volontairement je sentais ma tête qui se
tournait vers la croisée, pour m'assurer s'il
était toujours là ; ne pouvant le voir de ma
place, je me levai et j'allai de nouveau regarder à travers les rideaux ; il me parut fort
indifférent et tout au plaisir de son cigare,
mais il jouait habilement la comédie, car
après avoir regardé à droite et à gauche, il
finit par regarder dans ma direction; je sentis un choc et je dus me tenir à une chaise
pour ne pas tomber ; je me sentis envahie
de la tête aux pieds par une vive rougeur,
j'étais fort troublée et pour la première fois
de ma vie, je n'en dis rien à ma mère, à

laquelle je racontais d'habitude mes plus secrètes pensées.

La nuit qui suivit cette vision fut pour moi très agitée, je ne pus dormir, je voyais dans l'obscurité ses grands yeux darder leurs rayons sur moi, je sentais qu'il me magnétisait, j'eus peur, je me soulevai sur les genoux, les mains jointes, le suppliant de s'en aller, de me laisser tranquille, de ne pas me perdre, que j'étais une honnête fille, que je ne voulais pas faillir à mon devoir. Il ne bougeait toujours pas, il n'avait aucune pitié de moi; je me couvrais la poitrine de ma couverture pour qu'il ne me vît pas dans mon déshabillé de nuit, j'avais honte de la nudité de mes bras, de mes épaules, il me semblait que je commettais une faute; enfin, le jour vint et la vision disparut.

J'avais les yeux *battus*, le visage défait, je fus fort troublée en faisant ma classe, plusieurs jeunes filles même s'en aperçurent et m'en firent la remarque.

La journée ne se passait pas assez vite au

gré de mes désirs et cependant je redoutais
de voir venir la nuit. —Concevez si vous le
pouvez cette incompatibilité de deux idées
contraires ; — j'étais inquiète, préoccupée,
mais je ne m'en ouvris par encore à ma
mère dont l'intelligence, du reste, baissait
sensiblement depuis quelque temps : elle
devenait égoïste et d'un commerce difficile.

Enfin, le soir arriva, je vis encore mon
inconnu d'en face, il n'avait pas l'air de
s'occuper de moi, ce qui me contraria tout
d'abord, mais je me dis qu'il cachait son
jeu, qu'il se réservait pour le moment où
j'aurais éteint ma lumière : mais je pris mes
précautions, je ne voulus pas qu'il me vît
dans le négligé de la nuit précédente, je
restai habillée et recouverte jusqu'au cou
d'un foulard noué ; je me couchai et m'en-
dormis quoique fort agitée ; mon sommeil
fut pénible, c'était plutôt un cauchemar
qu'un repos ; je m'éveillai bientôt, il était
là, au pied de mon lit, me montrant d'ar-
dents désirs. Une sueur profuse m'envahit
aussitôt, je le suppliai en grâce de s'en aller ;

il s'approcha au contraire et je sentis son souffle sur mes yeux, sur mon front : il me magnétisait, l'infâme !

Je sentis bientôt sa bouche sur la mienne; je voulus crier, appeler, m'échapper, je ne le pus : j'étais privée de mouvement, j'étais anéantie; c'est alors qu'avec un cynisme effrayant il se joua de moi : il s'éloignait, revenait, m'embrassait, promenait ses mains chargées d'électricité sur tout mon corps, y laissant des traces de brûlures j'étais affolée, brisée, sans résistance; c'est alors qu'il abusa de moi et je perdis connaissance.

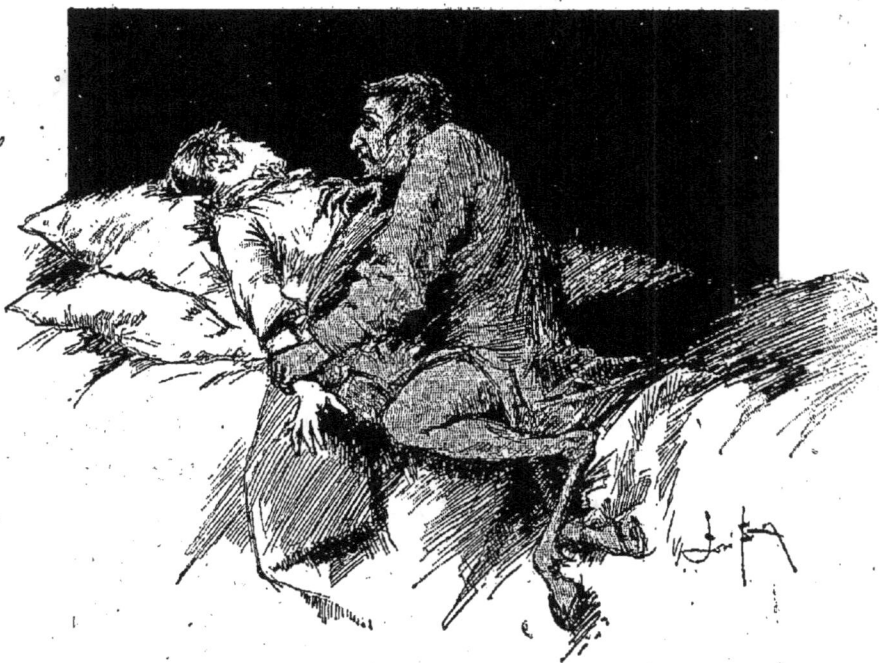

Le lendemain, pâle, honteuse, je fis dire par la bonne qu'il n'y aurait pas de classe et je m'enfermai, me jetant aux pieds de mon crucifix pour prier de toute la ferveur de mon âme.

Dieu eut sans doute pitié de moi; il entendit ma prière, je fus beaucoup plus calme et la journée se passa tranquillement; la nuit vint et je pus enfin dormir avec calme; je n'eus aucune visite il avait probablement satisfait sa honteuse passion et j'espérais qu'il ne reviendrait plus.

Je repris mes occupations habituelles, mais fort chagrine d'avoir été déshonorée par ce monstre. Je me crus enfin débarrassée de lui, et, pendant quinze jours de suite, il ne me prit pas même l'idée de regarder par les rideaux de ma fenêtre s'il était là. Mais bientôt il recommença à me troubler : il vint d'abord quelques minutes, mais devant mon indignation il s'éloignait.

Dans la crainte qu'il ne renouvelât ses tentatives criminelles sur moi, j'eus recours à tous les stratagèmes, je cousu plusieurs

pantalons fermés à mes bas et à mon cor-
sage et je me glissai entre les deux matelas
que j'eus soin d'attacher ensemble : de la
sorte je pensais pouvoir le braver. Mais

hélas! j'avais compté sans son diabolique
pouvoir : en m'éveillant je le sentis comme
un vampire me couvrir de ses infâmes cares-

ses; j'étais anéantie, pâmée, brisée, morte
pour ainsi dire.

Tous les mois, ce misérable revenait
ainsi, choisissant toujours un moment critique par un goût que je ne m'explique pas;
mais heureusement pour mon honneur, il
ne résultait rien de ces rapports criminels
et c'est ainsi que je pus continuer mes classes sans trop de honte.

Mais un jour que je me mis à la fenêtre
pour prendre un peu d'air dont j'avais grand
besoin, car depuis près d'un an je n'étais
pas sortie, je vis à ma grande satisfaction à
la fenêtre de mon inconnu, deux vénérables
personnes; je m'enquis adroitement de la
cause de ce changement et j'appris que,
depuis un mois, il y avait de nouveaux
locataires dans la maison, quant au monstre
il était parti; j'eus alors un bien grand soulagement et fus pendant deux mois fort tranquille

Mais, docteur, je dois vous avouer que
vous n'avez là qu'une partie de ma confession; quant au reste, je ne sais pas si j'au-

rai le courage de vous le dire, et, réellement, la chose me paraît à moi-même si
extraordinaire que je ne sais vraiment pas
si je suis folle.

— Continuez, Mademoiselle, vous m'in-
téressez beaucoup et j'espère, en outre,
pouvoir vous donner quelques bons conseils.

— Merci, docteur, je continue donc :
J'avais pris l'habitude de rendre grâce à
Dieu de la délivrance qu'il m'avait accordée ;
or, un jour que j'étais très surexcitée, je vis
très distinctement le Christ mouvoir sa tête
comme pour m'engager à le prier avec ferveur, ce que je fis du fond de mon âme et
ses lèvres priaient avec moi. Je fus d'abord
bien vivement étonnée de voir le Christ,
par un si grand miracle, prendre part à
mon chagrin, mais j'étais si troublée, si
nerveuse que je crus que le ciel daignait
enfin récompenser ma ferveur par une manifestation spéciale et je me mis au lit
pleine d'espérance.

Dans la nuit, je fus réveillée par les mêmes caresses que me prodiguait le monstre

d'en face, mais où je ne compris plus, c'est lorsque je vis que c'était Dieu lui-même qui m'embrassait.

J'eus un frisson d'épouvante et de joie tout à la fois ; pouvais-je donc espérer, moi la coupable! devenir l'épouse du Christ, de ce doux Jésus si bon et si miséricordieux!

J'eus des joies ineffables et cette fois sans aucun remords, car j'étais à lui, bien à lui, et je l'appelais de toute mon âme de pécheresse. Il ne vint pas chaque nuit, mais il vint souvent, très souvent me visiter et partager mon humble couche.

Mais docteur, c'est ici que j'ai besoin de vos conseils : je suis enceinte de six mois, voyez mon état, je ne puis plus le dissimuler même à ma mère qui s'inquiète. Or, que vais-je devenir ? Va-t-on croire à ma pureté ? Les familles de mes élèves ne vont-elles pas jeter l'anathème sur moi et me retirer leur confiance ?

Je suis épouvantée des conséquences de ma faute ; je ne sais plus qui prier, car dans la circonstance j'aurais peur que tous les saints vinssent à tour de rôle me consoler comme Jésus et je ne puis cependant lui être infidèle ; j'ai bien recours à la Vierge Marie, je me dis que c'est moins dangereux, mais elle ne m'écoute pas, jalouse sans doute de l'affection que je porte à son divin fils.

Que me conseillez-vous, docteur ?

— Mademoiselle, je dois vous rassurer sur votre état ; vous n'êtes nullement enceinte, vous n'avez pas cessé d'être vierge et pure de tout contact ; reprenez votre empire sur vous-même, vous venez seulement d'éprouver des manifestations hystériques, vos règles ont été supprimées par le fait de votre idée fixe, cela se voit assez souvent ; ayez confiance en moi, vous n'avez là qu'une grossesse nerveuse qui se dissipera tout à coup, vous n'avez donc rien à craindre pour l'avenir.

Cette pauvre demoiselle partit de chez moi au trois quarts rassurée, mais sa grossesse nerveuse n'en continua pas moins jusqu'à neuf mois ; elle eut, le moment venu, de véritables douleurs d'enfantement; on courut me chercher en toute hâte, mais ce ne fut que lorsque je lui eus affirmé que je venais d'extraire l'enfant, qu'elle se calma et que tous les symptômes de grossesse se dissipèrent.

M'ayant demandé à voir son enfant, je dus lui dire que venant de Dieu, j'étais, obligé, sous peine de sacrilège, de le lui rendre en le portant à l'église.

Ainsi finit cette histoire, que je garantis absolument vraie dans tous ses détails.

XIII

NÉVROSE CONJUGALE

A volupté a
été donnée à
l'homme, non
seulement
dans le but
de perpétuer
l'espèce — ce
qui était une
nécessité —
mais encore
comme un
moyen de so-
ciabilité indis·

pensable à sa nature tant soit peu égoïste.

Le plaisir des sens est donc une prime déguisée à l'union des sexes, car, il faut bien nous l'avouer, le malheur des autres ne nous touche guère, notre intérêt personnel est à peu près le seul mobile qui nous excite à ouvrir notre bourse et à nous rapprocher de nos semblables.

La religion nous prêche bien la charité et l'amour du prochain, elle nous fait bien entrevoir une récompense assurée dans un autre monde, mais cette promesse à longue échéance ne paraît pas sérieuse à la très grande majorité des humains qui préfèrent de beaucoup le comptant aux liquidations de fin d'année, d'autant mieux que notre grand créancier ne nous fait de promesses fermes que pour la fin du monde, ce qui peut paraître long à ceux qui sont pressés.

Le créateur, beaucoup plus pratique qu'on ne le pense généralement, s'est dit qu'il fallait donner quelques dividendes de consolation pour nous faire prendre patience, et à cet effet, il nous a doté du désir d'aimer en nous payant comptant de voluptueuses satisfactions.

Mais ces diablesses de satisfactions paraissent si agréables dans l'espèce qu'on a inventé le mariage pour en limiter l'exercice, sans quoi l'humanité périssait dans un embrassement à jet continu ; et le grand architecte aurait dû recommencer son œuvre tous les ans en raison du proverbe connu : « Qui trop embrasse mal étreint », l'abus des fonctions génitales étant la plus grande cause. de stérilité que puisse invoquer la statistique[1].

Le mariage, par sa monotonie, est donc encore la plus sûre garantie de notre intermittence en amour, et par cela même, la cause de notre bonne santé; c'est pour cette raison qu'il faut le conserver dans nos mœurs en l'entourant même de lois draconiennes contre cette liberté si recherchée des amateurs et qu'on nomme dans tous les pays : « la liberté de jambage ».

[1] Voir notre livre : *Stérilité dans les deux sexes*, ouvrage de 500 pages, illustré de 200 gravures par José Roy. — Marpon et Flammarion, prix : 5 francs.

Malgré le pot-au-feu conjugal qu'on a toujours sous la main et qui apporte avec lui une satiété rapide, il existe des appétits tellement formidables que ces gourmands d'amour se consolent quand même du bœuf quotidien et en prennent de telles tranches qu'ils en arrivent assez lestement à l'indigestion finale.

Il nous est difficile d'écrire librement sur un tel sujet, car, bien que la science ait de droit ses audaces, elle a aussi sa pudeur : il faut nous contenter de l'allégorie qui est toujours comprise de ceux qui sont en âge de savoir, mais qui devient lettre morte pour l'innocent entre les mains de qui ce livre pourrait tomber.

18.

Donc, continuant notre tâche, disons de suite, que de toutes les branches de l'hygiène, le régime conjugal est celle qui est la moins bien connue du public ; sur cent ménages, il y en a quatre-vingt-dix qui ne savent pas le premier mot de la question et suivent en cette matière, non pas les lois de l'instinct, mais bien les impérieuses impulsions que crée l'habitude.

Fumer n'est pas une nécessité capitale pour se bien porter, c'est même une assez funeste manie, mais le plaisir est si grand pour ceux qui sont tourmentés par l'attrait de la nicotine qu'ils fumeraient en dépit de tout, dussent-ils encourir les châtiments les plus graves ou compromettre sérieusement leur santé.

Le besoin d'amour charnel est peut-être encore plus impérieux chez les lascifs, et, malgré les conséquences désastreuses qu'il engendre journellement, nous ne voyons se créer nulle part des sociétés contre l'abus des bois de lit ; le fléau n'est pas combattu et les générations s'épuisent, tarissant ainsi

les sources les plus pré-
cieuses de la vie. Il est
vrai que nous sommes

sans programme, mais en eussions-nous,
que ce serait absolument la même chose,
car tous les sermons sur la question n'ont
jamais abouti au sauvetage d'une victime;
mais aussi pourquoi la prime qui est au
bout du danger est-elle si tentante ?

Traçons en quelques lignes le programme
des voyages que l'hygiène conjugale permet

d'entreprendre pour Cythère, billets simples
bien entendu, valables pour deux toujours
et surtout pour sexe opposé.

— Avant le mariage, ces voyages ne sont
pas permis, cependant nous devons dire
qu'ils sont assez généralement tolérés pour
le sexe fort, car il est dans la nécessité de
dépenser de temps à autre ses économies,
mais à la condition de ne jamais toucher
au capital. Quant à la femme, n'ayant pas
de bourse, elle n'a pas d'économie disponible et n'a que faire de ces voyages dangereux
pour elle, car du continent à l'île, elle doit
redouter le mal de mer et d'autres écueils
non moins sérieux qui pourraient entamer
ses œuvres vives; avaries qui lui donnent
toujours une forte moins-value sur la
place.

Aussitôt le mariage, pour lequel l'homme
n'est mûr qu'à vingt-cinq ans et la femme
à vingt, ces incursions au pays du Tendre,
sont non seulement permises, mais encore
de rigueur pour des époux bien assortis;
l'obligation est hebdomadaire pour les moins

riches et la tolérance s'arrête à deux voyages par semaine pour les mieux dispos.

Après quelques années de mariage, c'est-à-dire après la trentaine passée, il est bon d'être prudent et de ne se mettre en route qu'avec de sérieuses économies, car trop souvent le capital s'entame si un bon estomac n'est pas là pour nous permettre des voyages de pure fantaisie; le train de plaisir est tout au plus hebdomadaire, souvent même il vaut mieux qu'il ne soit que bi-mensuel.

Après quarante ans, la mensualité est la

règle, mais après cinquante, ce ne sont plus que des voyages d'anniversaires ; dès qu'on a dépassé soixante ans, on ne doit plus voyager jamais, on passe la main et l'on fait Charlemagne.

C'est là une règle fixe que nous établissons et à laquelle on dérogera souvent, nous en sommes certain, mais il était bon de l'établir pour ceux qui veulent toujours voyager avec un guide Conti en mains, afin d'éviter les surprises et les attaques à main armée qui sont si fréquentes dans ces chemins dangereux.

Aux épouses gourmandes de ces excursions, on peut signifier qu'elles doivent se contenter du programme ; il ne faudrait cependant pas s'en servir comme d'une règle absolue dans son intérieur ; à plus forte raison ne faut-il pas se passer la fantaisie des voyages circulaires, même à prix réduits, sous prétexte qu'ils sont plus agréables, car tout agrément se paie d'autant plus cher que le plaisir est plus grand, et cette monnaie-là est trop précieuse pour être gaspillée bénévolement.

Maintenant que nous avons exposé le régime, voyons les tristes conséquences de l'abus :

M. J. B..., sous-chef de bureau au ministère de la marine, se marie à vingt-huit ans avec une femme charmante, qui vient d'en avoir vingt ; les époux sont bien assortis, ils se promettent de s'aimer beaucoup et souvent ; ils tiennent, du reste, leurs promesses.

Trois mois se passent, le mari a des vertiges, des éblouissements, des douleurs fulgurantes dans la nuque, des trépidations dans les mollets, des absences de mémoire et de la lypémanie.

Quant à madame, elle a des palpitations, des syncopes, est agacée pour un rien, ne peut se tenir debout, souffre de pesanteurs dans le bas-ventre, voit abondamment et souvent ses règles, en un mot, elle a une métrite qui la cloue sur une chaise longue.

Le médecin consulté sépare les époux, envoie l'un dans le Midi, l'autre dans l'Est. La santé se rétablit et les époux se rapprochent. S'étant trop rapprochés, les accidents reparaissent avec un cortège de symptômes plus graves encore, et, finalement, les époux comprenant, mais un peu tard, quelle est la cause de leurs maux, se jurent de prendre des résolutions extrêmes, tout en ne se séparant pas. Hélas! serments d'ivrogne.

— Tu dors, ma chérie?

— Non, Jules! je ne puis pas, j'ai des inquiétudes dans les jambes; tu devrais bien me frotter, ça me calmerait.

Jules frotte, masse, pétrit les muscles de Juliette; mais de part et d'autre la fièvre s'allume, adieu promesses et bonnes résolutions; on remet la sagesse à huitaine, et mon Dieu! pour une fois.....

Mais le lendemain, c'est Jules qui a mal au genou, Juliette le frotte à son tour, mais si mal qu'il en résulte encore un voyage de noce.

C'est ainsi que Jules s'est éteint lentement d'une consomption progressive avec tous les symptômes d'un ramollissement. Quant à Juliette, son veuvage lui a rendu la santé ; plus belle et plus troublante que jamais, elle retrouve un second mari. En un mois, celui-ci est fini, vidé, vanné ; au premier courant d'air il attrape une fluxion de poitrine et en meurt ! c'est la règle.

Juliette, enfin, approche de la trentaine ; c'est l'époque des passions ardentes, l'âge se passe ; il faut vite en profiter, aussi ne se

Puits d'Amour

19

sent-elle pas le courage d'attendre le temps réglementaire du veuvage; elle prend un amant, le met sur les dents, en moins de temps qu'il n'en faut pour voter un budget; elle en prend deux, elle en prend trois; l'un meurt de la poitrine, les deux autres d'un ramollissement.

Quant à elle, plus belle que jamais, avec la majesté que donne l'expérience de la vie, cette dangereuse sirène cherche dans son monde, sur qui elle posera sa griffe de vautour, car plus sûrement que le mancenillier, elle frappe de mort ceux qu'elle abrite de son ombre.

On nous objectera que nous présentons ici une femme hystérique, ou une drôlesse exceptionnelle?

Nous répondrons que jamais dame Juliette n'a été hystérique dans l'acception du mot, elle n'a jamais été nerveuse; c'est même une de ces saintes nitouches aux yeux baissés, qu'on rencontre assez fréquemment dans la vie sans qu'on puisse s'en douter.

Juliette est au contraire une maîtressé

femme, d'une puissante constitution, avec des dehors de poupée, elle est simplement douée d'un robuste appétit sexuel, son extérieur et son maintien sont ceux d'une femme fort convenable ; rien dans ses gestes ni dans sa démarche n'indique cette ardeur des sens, elle n'est même troublante qu'à ses heures, trouvant qu'il y a temps pour tout, jamais elle ne songe à l'amour en dehors du temps qu'elle y consacre, mais dame ! quand elle y est, c'est pour de bon.

Quant à sortir indemne de ses bras, il n'y faut pas songer ; elle vous prend un homme et en deux heures vous rend un gâteux, sans avoir l'air d'y toucher.

Cette histoire, qu'on sent vraie dans tous ses détails, comporte avec elle sa morale malgré son apparence de légèreté ; nous voulons mettre le public en garde contre ces dangereuses créatures qui ressemblent à des femmes froides au point de s'y tromper, mais depuis longtemps elles sont connues, à certains signes, du monde médical, qui les appelle « femmes ventouses» , car

elles vous tarissent les sources de la vie avec
une aisance remarquable. Mais ce qu'il y a
de particulier chez elles, c'est que mieux on
les sert, mieux elles se portent; elles sont,
en ceci, comme les terres desséchées qui
demandent leur rosée quotidienne, l'ondée
de temps à autre, l'orage quelquefois.

Nous recevons souvent dans nos cabinets
la confession des martyrs d'alcôve; or,
des excuses qu'ils donnent de s'être laissés
circonvenir par ces pompes aspirantes, voici
ce qui se dégage : la femme ventouse a pour
elle le charme, la grâce et un mystérieux
attrait qui fait que, même laide, elle transporte l'homme dans des régions sensorielles
jusqu'alors inconnues de lui ; le sang de ces
femmes est plus chaud, leur ardeur plus
prompte et plus communicative ; l'homme
est plus satisfait de sa virilité qui est beaucoup plus tenace que d'habitude et jamais
il ne reste en affront, ce qui le console de
bien des échecs ; voilà pourquoi il se livre
sans résistance à ces créatures diaboliques
au fumet capiteux.

C'est là tout le secret qu'ont certaines femmes, alors qu'on se demande ce qu'elles ont pour plaire !

Notre chapitre serait incomplet si nous ne disions pas un mot de l'influence néfaste

qu'ont certains hommes dans leur ménage et même en dehors de lui : il en est qui sont de véritables *barbes bleues* tuant autant de femmes qu'ils en ont sous la main.

Ils sont atteints de priapisme, ou tout

au moins d'une grande puissance génitale ;
ils ont généralement un développement
d'organes très supérieur aux autres hommes
et en abusent non seulement pour déterminer des contusions, des érosions, des mé-
trites, mais encore au point de développer
un tel ébranlement nerveux chez la femme
que celle-ci en meurt assez vite, épuisée
qu'elle est par des crises qui se répètent
sans cesse et auxquelles elle n'a pas le courage de se soustraire, tant elles lui plaisent
au début. On dit dans les campagnes que
ces hommes ont le « foie chaud ».

Nous ne savons ce qu'il y a de vrai dans
ce dicton populaire au sujet de la chaleur
du foie, mais ce qu'il y a de certain, c'est
qu'ils tuent souvent trois ou quatre femmes
légitimes, sans compter la monnaie cou-
rante des voisines, sous leurs lubriques
transports et la loi est impuissante à préserver leurs victimes ; elles n'ont d'ailleurs
plus leur libre arbitre sous ces folles caresses.

C'est un genre de mort que peuvent

souhaiter beaucoup de femmes, mais nous
devons charitablement les prévenir que c'est
de tous le plus cruel et le plus douloureux.

Nous venons de dépeindre deux types
extrêmes, nous en convenons, mais beaucoup s'en rapprochent par des nuances; il
est donc prudent de s'en garer et de s'en
tenir au régime classique qui nous paraît
suffisant, surtout si nous voulons bien nous
rappeler les préceptes un peu sévères de
l'Ecole de Salerne, qui ne permettent les rapports qu'*un peu* au printemps et à l'automne,
mais jamais en été ni en hiver, ce qui nous
paraît trop rigoureux, car l'amour est une
fonction, son abus seul est une névrose.

XIV.

NÉVROSE LITTÉRAIRE

HAQUE profession a sa névrose, nous dirons même que plus la profession est intellectuelle, plus nombreuses, plus profondes et plus sentimentales sont ses névroses; ce qui revient à dire qu'une névrose dépend du terrain où elle pousse.

Il y a pour ainsi dire une gamme allant de l'ouvrier maçon à l'homme de lettres, cette gamme part de la matière pour s'affiner insensiblement jusqu'à l'idéalité séraphique; le maçon devient nerveux lorsque son mur n'est pas d'aplomb ou lorsqu'on lui marche sur le pied, mais la sensibilité de ses nerfs se traduit seulement par un : « sacré nom d'un chien, que c'est em... bêtant »; l'homme de lettres sent beaucoup plus vivement et plus délicatement, son cerveau est une harpe éolienne qui vibre au moindre zéphyr, qui chante au plus petit souffle et qui se détraque au plus modeste vent.

Les tempêtes sous le crâne, — dont on a fort abusé, — ne se passent que chez les mercenaires de la pensée — ceux qui bâtissent avec efforts, ou mieux encore, avec des ciseaux; — mais un poète génial ne supporte rien de semblable : un faux-col cassé lui donne des langueurs, toucher à ses cheveux provoque chez lui des crises et brosser son habit le rend rêveur.

Chacun porte donc la peine de sa profession, ce qui est assez juste, car si nos hommes de lettres ne fournissaient pas un contingent respectable de grincheux, de pointilleux, de nerveux et de toqués, tout le monde se ferait journalistes, romanciers, auteurs dramatiques et le reste, car il y a de tout dans la profession.

Il n'est pas d'année où la profession d'homme de lettres ne produise ses victimes; il faut, en effet, un cerveau de fer pour supporter la gestation d'un livre, d'une comédie ou la ponte d'articles quotidiens, pour peu surtout qu'on y mette quelque amour-propre et qu'on veuille ne pas se moquer du public par des calembredaines ressassées depuis l'invention du papyrus — du papier russe — comme dit Estelle des Bouffes du Nord qui s'y connaît.

On n'écrit bien qu'à la condition d'y mettre toute son âme, il faut se griser moralement — et quelquefois autrement — pour trouver quelque chose d'utile, de neuf et d'empoignant, sans quoi vous passez à l'état de *rasoir mécanique* et vos contemporains se fâchent, n'en ayant pas pour leur argent.

Combien sont rares les littérateurs dans le vrai sens du mot ; on en compte tout au plus une centaine — et encore ? — dans notre belle France, si riche cependant en étincelants esprits, mais les autres n'ont pas le feu sacré du métier, ils broutillent de-ci de-là, pondant à leurs heures quelques péchés mignons et se reposent ensuite sur leurs lauriers-sauce,

en attendant que l'indifférence publique les
recouvre du myrte ou du cyprès.

On dit qu'on naît rôtisseur et qu'on devient cuisinier, mais on peut dire plus justement qu'on naît styliste et qu'on devient
homme de lettres. Buffon l'a dit : le style
c'est l'homme; mais combien avons-nous
de ces hommes qu'on reconnaît en lisant
seulement deux lignes de leurs productions?

En général, les hommes du métier —
qui ne sont pas toujours, tant s'en faut,
des stylistes — sortent de ce grand conser-
vatoire qu'on nomme l'école normale supérieure; ils connaissent admirablement
leur littérature classique, ils sont bourrés
jusqu'à éclatement de tous les morceaux
choisis des auteurs en renom, ils savent leur
mythologie sur le bout du doigt, ils sont
rompus à la phrase élégante et correcte de
l'école, ils sont remplis de ponctuation aca-
démique et de fines fleurs de rhétorique que
c'en est comme un bouquet, ils vous pon-
dront des tartines dithyrambiques sur la

plus modeste poêle à frire de manière à
épater le bourgeois qui s'écriera : quel
homme! quel génie! quel... artiste! mais
lorsque vous aurez lu ce merveilleux morceau, vous vous demanderez souvent ce
qu'il en reste de substantiel et d'utile-et
vous reviendrez bien vite au laconisme du
fait divers brutal, qui vous laisse au moins
dans l'esprit, le souvenir d'un accident souvent drôle.

Or, ce genre de littérature classique n'engendre jamais la folie, ni même la névrose,
les gens qui la produisent sont outillés pour
faire leur besogne, ils tirent à la ligne et
touchent aux fins de mois avec la régularité d'un employé de bureau qui émarge
au budget.

Mais il faut avoir du tempérament pour
être homme de lettres dans le vrai sens
du mot, il faut être quelqu'un et valoir
quelque chose, sans quoi l'on sombre dans
la tourmente de l'esprit à la recherche de
l'*idée neuve.*

De là, toutes ces névroses spéciales et

délicates qui naissent seulement dans le cerveau de ceux qui créent des œuvres viriles, en dehors des sentiers battus par la routine, et qui se moquent un peu des formes archaïques du vieux moule.

·Il est vrai que, dans cette voie, nous avons les *indépendants*, les *naturalistes*, les *symbolistes* et les *décadents* qui ne sont souvent devenus tels que parce que les raisins académiques étaient trop verts et qui déposent le long de leurs chapitres des néologismes de cabinet... avec trop d'aisance.

Mais à côté de ces fantoches littéraires, combien sont sortis puissamment armés pour la bonne lutte contre cette littérature anodine et affadissante du romantisme *ad usum puellarum!* Il fallait réagir contre ces écœurantes niaiseries qui nous bercent d'idées mystiques sans jamais nous enlever vers l'empyrée des mondes sublunaires pour nous faire toucher du doigt l'inconnu vers lequel tout être se sent entraîné dès le berceau et plus encore lorsqu'il arrive au déclin de la vie.

Le vieux drame lui-même, le drame à la Bouchardy, est passé de mode, c'est vieux jeu; ce qu'il nous faut, ce sont des études empoignantes, d'un réalisme à outrance; nous voulons sentir, en nous mettant en harmonie avec tout ce qui nous entoure; nous voulons vivre, en un mot, dans notre milieu de vapeur, d'électricité, de vertigineux mouvement, pour ne pas nous croire immobiles; et c'est pour cette raison que nous voulons sans cesse du nouveau, du vivant, du tourbillonnant, fussions-nous emportés dans un immense cataclysme qui nous ramènerait en ligne droite à la barbarie, où du moins l'on n'a que faire de penser.

Il n'est donc pas étonnant que tous ceux qui se mettent à la tête du mouvement ne se sentent pas d'assez puissantes ailes pour nous conduire à l'*idéalité positive* de la saine raison et qu'ils succombent à la peine en divers genres de névroses dont le galimatias phraséologique fait surtout partie.

A côté de cette jeune école de l'incohérence qui n'est bien comprise que d'une trentaine d'initiés du *Chat noir*, tous gens

d'esprit, nous en convenons volontiers, mais dont une fêlure indique qu'on les avait mis au four un peu trop frais, le jour où le créateur modelait ses hommes de génie; nous trouvons dans les épaves de la vieille école le type suivant qui nous tombe sous la main et qui va nous servir de tête de turc pour montrer comment se fabrique un certain genre de littérature :

Valentin Doùssart accumule sur sa tête toutes les tares héréditaires d'une longue lignée d'hommes d'ordre; c'est là son exercise. Sous Charlemagne, son arrière-souche avait pour fonction de compter tous les mots de notre langue gauloise et d'en rechercher l'étymologie à travers les âges.

La charge se transmit de père en fils jusqu'à notre génération, sans qu'aucun faillît jamais à sa spéciale mission; les casiers devinrent l'héritage de la famille; l'aîné avait tout, le cadet n'avait que les soucis des recherches.

Les précieuses collections cataloguées, étiquetées, s'étaient considérablement développées à travers les siècles. C'est ainsi qu'on remarquait dans ces vénérables reliques ancestrales, le rayon des bons mots, le tiroir

aux intrigues, le se-
crétaire aux trucs, la
commode aux ficel-
les, le portefeuille aux
dénouements et le
grenier aux vieux ma-
nuscrits faciles à com-
pulser et même à ra-
jeunir par un tour de
main spécial.

Nous ne remonte-
rons pas aux aïeux du
jeune Doussard qui
devaient être pour le
moins bénédictins si
l'on en juge par la pa-
tience et l'ordre avec
lesquels ils ont su en-
tasser documents sur
documents avec des
tables commodes à
consulter : tome V,
page 18, ch. VI « trois
bonnes lignes à pren-

dre » ; tome XXI, page 47, « tout un dénouement fort saisissant et qui paraîtra nouveau », etc., etc.

Le père Doussart n'eut donc qu'à décrocher ses fiches pour faire un excellent dictionnaire; quant au fils, il voulut faire grand! plus grand que papa! et dès qu'il eut l'âge de raison, il s'escrima de son mieux pour se faire la main; c'est ainsi qu'il évoqua des esprits qui vinrent chaque soir remplacer celui qui lui manquait alors.

Le jeune Valentin fut bien surpris lorsqu'il constata que sa première production littéraire n'était autre qu'un dessin fort étrange figurant la maison de campagne de Beethoven dans la planète de Saturne gravé directement sur cuivre en notes de musique avec clé de fa en guise de clé de voûte.

Il fit tirer quelques centaines d'exemplaires de ce curieux document qu'il appela *son miracle* et il daigna le dédier à la souveraine d'alors avec un aimable distique décroché pour la circonstance dans le deuxième rayon de gauche de la vitrine B.

Son miracle lui fut retourné avec une tabatière à musique qu'il avait cru devoir joindre au dernier moment, celle-ci avait été gravée également par son *esprit familier* en vue de lui faire prendre date parmi les hommes *remarquables* de son époque.

Cette tentative échoua piteusement, il eut même dans la suite quelque peine à faire oublier cette fumisterie qui avait été *sa première manière...* de faire parler de lui ; mais la seconde lui réussit mieux, il évita soigneusement le fil blanc du début et cousit dès lors toutes ses productions avec du fil noir même assez fin ; cependant chacun pouvait constater qu'il lui était resté une certaine aversion pour l'encre, qui était héréditaire dans la famille, on avait des durillons aux doigts, laissés par la trace des ciseaux ; mais aucune tache d'encre, on n'en possédait pas une goutte dans la maison ; Valentin Doussard préparait toujours ses chevilles d'assemblage au crayon et cataloguait ses fiches avec des pains à cacheter ; c'est ainsi qu'il construisit toutes ses œuvres comme l'on fait un pavage en mosaïque ; aussi, ses meilleurs amis ne l'appellent-ils jamais autrement que le *paveur en chambre !*

Aujourd'hui ce paveur d'un nouveau genre a fait son chemin, c'est un grand homme, ou du moins il passe pour tel parmi les bonnes gens du Marais, mais pour les littérateurs ses confrères, ce n'est qu'un très habile homme qui a su décrocher toutes les timbales avec une paire de ciseaux.

Si jamais il se fait graver des armes pour orner la porte de ses immenses domaines seigneuriaux, nous lui conseillons le motif suivant : une paire de ciseaux sur champ de gueules avec semis de pains à cacheter, entourant trois sébiles

en guise de merlettes et pour devise, brochant sur le tout :

« *In hoc signo vinces.* »

Nous disions au début de ce chapitre que chacun acquérait sa névrose professionnelle ; notre héros a la sienne, ou plutôt les siennes, car elles sont légion : il a d'abord la soif de l'or qui domine tout, car l'art n'est pour lui que secondaire, avec cela d'un orgueil de parvenu, d'un nervosisme intraitable, mauvais coucheur, égoïste à l'excès, ladre comme Harpagon doublé de Turcaret, dressant ses chiens à mordre ceux qui tendent la main, même lorsqu'ils sont de sa famille et enfin, pour compléter le triste personnage : une migraine qui le tient trois jours par semaine dans l'obscurité complète, ce qui le rend inabordable, même pour Sarah ; c'est là son châtiment, mais il ne donnerait pas un sou pour s'en guérir, sachant que cette migraine est professionnelle et uniquement causée par la poussière que dégagent ses précieux colla-

borateurs qu'il compulse du matin au soir
et dans lesquels il prend ses traits d'esprit
avec ses coryzas.

LES DOCUMENTS A M'SIEUR !...

XV

NÉVROSE DE LA RÉCLAME

I l faut convenir que nous vivons dans un singulier moment, il se fait une curieuse évolution dans nos mœurs; c'est à qui décrochera la fortune par tous les moyens (*per fas et nefas*).

On s'ingénie à trouver mieux que son voisin, l'esprit est toujours tendu vers le chemin qui conduit aux pépites de l'inépuisable mine dont les *gogos* ont seuls la clef.

Si nous remontons seulement à cinquante ans en arrière, nous trouvons une société parfaitement équilibrée, chacun restant dans sa sphère avec la tranquille béatitude que donne la stabilité du lendemain ; du haut en bas de l'échelle sociale on se trouvait satisfait : depuis les ministres paraissant inamovibles jusqu'au plus modeste artisan qui se consolait dans sa médiocrité, n'ayant jamais entrevu la terre promise qu'on fait miroiter si adroitement aujourd'hui à ses yeux toutes les fois qu'on a besoin de sa voix pour escalader le pouvoir.

Depuis que l'industrie, le commerce et l'agiotage ont montré comment on pouvait acquérir les plus scandaleuses fortunes — quant au chiffre — chacun sent en soi l'étoffe d'un Ménier, d'un Boucicaut ou d'un Rothschild, et pense qu'avec un peu d'audace, beaucoup de persévérance et plus encore de savoir-faire, on peut parvenir au même but.

Napoléon n'a-t-il pas dit que chaque soldat avait dans sa giberne son bâton de maréchal et qu'il ne s'agissait que de l'en faire sortir ? Aujourd'hui chacun croit avoir aussi la fortune à l'état latent dans son gousset et s'ingénie à le remplir en fouillant d'abord dans la poche des autres de la plus dextre façon.

Dans ce but, on a inventé la réclame !

Nous lisions dernièrement que la réclame était d'origine anglaise. Il se peut qu'elle soit née sur les bords brumeux de la Tamise, mais ce qu'il y a de certain, c'est qu'elle s'est fort joliment acclimatée chez nous et paraît non seulement y être établie à l'état endémique, mais encore à l'état épidémique. Du haut en bas de l'échelle commerciale et industrielle on ne voit que réclame, réclame partout : prenez mon ours qui est bien supérieur à celui du

voisin, car sa niche n'est
pas au coin du quai; etc.

Dans le temps, il était
de règle de consacrer le
dixième de son budget à
son loyer, aujourd'hui on
consacre volontiers
le tiers de ses re-
cettes à la réclame
se basant sur le cal-
cul de cet industriel
qui avait lancé des
pilules purgatives
en y consacrant
deux cent mille
francs de publicité
annuelle. Son raisonne-
ment était des plus sim-
ples : avec deux cent mille francs de publicité, je vends pour deux cent cinquante mille
francs de drogues; celles-ci me coûtent,
tous frais payés, vingt-cinq mille francs; il
me reste donc le joli chiffre de vingt-cinq
mille francs que j'empoche; et, si je pou-

vais consacrer un million en publicité, je serais assuré du même résultat proportionnel. Qu'il s'agisse de drogues ou de tout autre produit, il est malheureusement prouvé que le résultat est le même; la matière première est non seulement frappée d'une plus-value de douane et de courtage, mais encore d'un chiffre effrayant de publicité.

Nos économistes se creusent la tête pour trouver une base équitable d'impôts qui satisfasse tout le monde et son père! Mais la voilà toute trouvée cette fameuse mine où le budget pourra s'équilibrer sans mécontenter personne; car il faut avouer que la publicité n'est pas absolument nécessaire au bonheur des humains, on peut vivre sans cela. Donc! que ceux qui en font paient un droit proportionnel aux résultats qu'elle donne.

Que l'Etat établisse une redevance d'un quart sur ce que touchent les journaux, grands ou petits, que ce soit en première ou en quatrième page, peu importe et l'on

verra de quel chiffre prodigieux cette
source est taillable.

Il faudrait non seulement imposer toute
réclame de journal proportionnellement à
ce qu'elle coûte, mais encore imposer les
prospectus, quelle que soit leur forme et
quels que soient leurs noms, car si la qua-
lification de *prospectus* blesse les intéressés
ou qu'elle soit usée, les industriels ne sont
pas en peine de trouver un titre plus allé-
chant : prix-courant,
catalogue, circulaire,
tarif, inventaire, ex-
position de ceci ou de
cela ; en un mot, la
forme n'y fait rien,
tout cela est de la pure
réclame qui, comme
telle, doit être impo-
sée ; car, nous ne
voyons pas pourquoi
d'immenses magasins
donneraient jusqu'à
trente mille francs à

20.

un seul dessinateur pour dorer ou rafraî-
chir leurs rossignols sans payer un impôt
proportionnel à ce genre de boniment;
cette perception serait sûrement plus intelligente et plus productive que ce fameux
impôt sur le revenu qui ne frappera que le
pauvre diable sans en avoir l'air, car, on
peut être assuré que, si un propriétaire se fait
vingt-cinq mille francs de son immeuble, il
n'aura pas la naïveté de payer là-dessus
deux ou trois mille francs à l'Etat : les locataires, depuis la boutique jusqu'aux mansardes, seront les seules victimes, et le bon
peuple, à qui on aura donné un semblant
de satisfaction, rira tout le premier de la
tête du propriétaire, qui aura cependant
trouvé là une superbe occasion de se faire
un supplément de revenus.

Le pain et la viande sont à peu près les
seules denrées pour lesquelles on ne fait
pas de réclame ; or, le reste peut être considéré comme étant objets de luxe ; il est
donc de toute justice que cela soit imposé
d'une façon ou d'une autre et c'est pour

cette raison qu'il y a beaucoup de probabilités pour que cela ne le soit jamais.

Lucien Bigorneau, né natif de la Garonne, avait compris, sur le tard, son époque et concevant qu'un négociant qui prend du ventre ne peut pas décemment se tordre l'esprit à la recherche d'une idée, pour enfoncer son concurrent, s'était dit un beau matin : Té ! mon bon, tu n'es qu'un serin, tu t'esquintes le tempérament depuis 20 ans à faire la place pour caser des vins de raisins secs et tu ne vois pas que les doublures de tes poches se touchent parce que tu ne dis pas que tes vins sont des premiers crus de Bordeaux; ne sens-tu pas que le public est une bonne bête qui n'est satisfaite que lorsqu'on la trompe sur la qualité de la marchandise ? Sois donc de ton siècle, *mille dious !* et rappelle-toi que tu es fils de la Gascogne, ne te laisse pas enfoncer par les gars normands : on rirait de toi à Saint-Gaudens pour le moinsss !

Une fois cet aparté récité *in petto*, il

s'installa rue de Lancry et ouvrit une
agence de réclames tapageuses dont nous
ne suivrons pas les débuts, car il dut faire
son apprentissage; mais qu'on se rassure,
ce ne fut pas long. Comprenant qu'il n'est
pas de bourde, si extravagante soit-elle, qui
ne fasse son chemin, pour peu qu'on ait
autant d'imagination qu'on a peu de scrupules, il lança toutes les petites et les grandes
affaires de l'époque avec une verve endiablée,
mais aussi avec une virtuosité que lui donnait seul un stage de 20 ans de Paris et la
grande connaissance de ses besoins ; aussi,
faisait-on queue chez lui pour obtenir ses
précieux conseils.

Très habile dans l'art de dévisager un
client, en moins de temps qu'il n'en
faut pour s'asseoir il connaissait son
homme des pieds à la tête et savait ce
qu'il avait dans l'esprit. Arrivons au fait,
disait-il, car il n'avait pas de temps à
perdre, il avait à se rattraper de ses 20 ans
d'innocence commerciale et allait droit au
but.

— Mais je voudrais...

— Oui, c'est convenu, faire fortune tout de suite.

— Cependant, permettez, je dois m'expliquer...

— Pas la peine, je sais ce qu'il vous faut ! un œil au fond d'un chapeau...

— Mais je ne suis pas chapelier.

— Tant mieux, qu'est-ce que ça fait ?

— Mais je ne vois pas... je suis marchand de robinets !

— Qu'est-ce que je vous disais ? Suivez mon raisonnement : un chapeau chez un chapelier, ça ne tire pas l'œil, mais...

— Ah ! je comprends, très joli, je n'avais pas songé à cela, vous êtes un malin.

— Peuh ! c'était simple... à qui le tour ?

Un grand industriel se présente au père la réclame.

— Je voudrais vous entretenir d'un grand projet...

— Au but, au but, monsieur.

— Voici, j'ai une mine, je voudrais exploiter...

— Le public! c'est entendu...

— Mais!...

— Voyons, ne faites pas l'innocent, le père la réclame la connaît celle-là! Est-ce le prix Montyon que vous venez chercher; c'est pas ici, au bout du pont des Arts, la porte en face, serviteur!

— Mais cependant...

— Inutile, je vois ce qu'il vous faut, des actionnaires, beaucoup d'actionnaires, j'ai votre affaire; connaissez-vous les pains à cacheter?

— Je ne vois pas le rapport.

— Oui, je comprends, vous songez de suite au rapport; vous êtes un homme pratique, vous allez l'apercevoir : Vous faites faire cent millions de pains à cacheter sur lesquels vous faites imprimer aujourd'hui « affaire superbe ». Demain vous ferez mettre « 200 p. 100 ».

— Oh! c'est beaucoup promettre...

— Naïf ! dans trois jours vous ferez un autre tirage où vous mettrez : « on souscrit Palais des Thermes » ; vous inonderez Paris et la province de vos pains à cacheter que vous ferez coller aux bons endroits, l'effet sera irrésistible, vous aurez au moins cinquante souscripteurs. Avec ce noyau, si en un mois vous ne fondez pas une compagnie anonyme au capital de douze millions, c'est que vous êtes un imbécile ; dans ce cas, vous reviendrez me voir, je verrai à faire autre chose pour vous.

Et ainsi de suite, tous les clients de Lucien Bigorneau sortaient de chez lui enchantés, ayant des indications précises, aussi variées que nouvelles, aussi fantaisistes qu'utiles et il était rare qu'elles ne fussent pas immédiatement productives ; elles avaient même pour caractère que plus elles étaient bouffonnes et saugrenues, mieux elles réussissaient.

Quelle superbe statue s'élèvera un jour à Saint-Gaudens, si tous ses consultants

versent seulement un sou du mille sur les
affaires faites par son canal ! Ah ! ça ne
sera pas le bronze qui manquera.

Ce brave Bigorneau se frottait les mains,
satisfait de son importance ; n'était-il pas,
du reste, le roi de la place ?

De son balcon, il voyait défiler son
œuvre ; le charivari de la réclame battait
son plein, s'écoulant sous ses fenêtres; et,
comme un général d'armée, il passait sa
revue, donnant des ordres à ses nombreux
aides de camp. Voici l'homme Sandwich
au dos voûté, à la démarche lente, courbé
sous les ans avec sa double cuirasse aux
affriolantes inscriptions; voici les porte-
bannières annonçant le programme des
cafés-concerts ou la coupe irréprochable
des tailleurs habillant pour rien.

Voici encore les

chapeaux multicolores affectant toutes les
formes et promettant tous les plaisirs du
bock servi par des princesses Louis XV en
costume Pompadour.

Voici la marée montante des équipages-
réclames, depuis la brouette du pédicure,
la cloison volante à deux étages des articles
anglais, le tout peint en rouge criard, épou-
vantant même des chevaux de fiacre; breacks
de toutes formes, véhicules sans nom aux
aspects les plus hétéroclites, camions les
plus monstrueux jusques et y compris ces
arches roulantes dans lesquelles on tient de
tout, depuis les bretelles à treize pour re-
dresser les bossus, jusqu'au gaz portatif et
la lumière électrique.; c'est une vraie descente de Courtille où les masques sont
remplacés par des affiches et la gaîté tradi-
tionnelle par des hontes douloureuses de
déclassés surpris en flagrant délit de bêtes de
somme.

Tous ces mercenaires vont, viennent en
silence, comme épouvantés de leur rôle immonde, sujet d'ébaudissement pour nos

21

Parisiens gouailleurs qu'ils font rire maintenant, non par leurs lazzi de joyeux ga-
vroches, mais par leurs silhouettes de pan-
cartes ambulantes.

Voici venir la troupe des camelots aux
voix discordantes, criant le crime du jour
et le scandale du lendemain avec le cynisme
de gens qui feraient pis encore à l'occasion ;
c'est le tohu-bohu assourdissant de gens
qui viennent vous mettre sous la gorge le
pistolet feuilleton ou le rasoir du grand
homme, des cartes transparentes ou des pré-
servatifs anglais.

On ne peut plus sortir sans voir devant
soi ces souteneurs qui vous barrent la route,
vous montrant un jouet tout en vous glissant une malpropreté; vous êtes pris par
les yeux, par les oreilles, par le nez, une
puanteur de choses malsaines vous prend à
la gorge et vous donne des nausées.

On quitte son chez-soi pour prendre un
peu d'air, on s'empeste l'esprit par d'écœurantes propositions.

On ne voit plus clair dans les magasins,

tant les affiches montent, montent sans cesse,
on colle des prospectus dans les voitures,
les bateaux, les chemins de fer, jusqu'au
collet de votre paletot, sur vos boutons
de culotte,
dans vos
chapeaux ;
votre cour-
rier, lui-
même, est
noyé dans
un océan
de lettres-
réclames,
vous rece-
véz des té-
légrammes
imprimés
et le télé-
phone lui-
même vous
fait des offres à domicile, sans compter une
foule de courtiers marrons qui viennent, à
l'heure de vos repas, vous proposer l'eau des

fées, un cirage inamovible, une tabatière
à musique ou un clyso-pompe électrique.
Nos monuments disparaissent sous la colle
de pâte, les étages sont envahis un à un,
Paris s'évanouit sous le papier-annonce et
souvent les cheminées fument, bouchées
qu'elles sont par un prix courant.

C'est la fièvre de la réclame, du haut en
bas de l'échelle commerciale; les palais
publics, eux-mêmes, ne sont pas respectés;
bientôt on affermera la colonne Vendôme
au plus offrant, et l'Elysée au dernier enché-
risseur.

Il n'est pas jusqu'aux théâtres où vous
allez pour vous distraire qui ne vous forcent
à regarder leur rideau, pendant d'interminables entr'actes, et les pièces qui s'y jouent
ne sont que des prétextes pour vous montrer des annonces; nous verrons un jour
balayer les rues avec des têtes de jeunes
vierges aux opulentes chevelures-réclames
pour montrer aux crânes chauves combien
est puissante la capillarine de Mᵐᵉ Vide-
Gousset.

C'est ainsi que notre Bigorneau en était arrivé à une exaltation cérébrale telle que tout lui semblait réclame.

Aviez-vous un appartement luxueux ? réclame !

Portiez-vous un pantalon d'une coupe irréprochable ? réclame !

Embrassiez-vous votre belle-mère ? réclame !

Voitures, chevaux, fourrures, ruban à la boutonnière, tout cela : réclame !

Faisiez-vous un bon livre ? réclame !

Aviez-vous de l'esprit ? réclame ! réclame toujours !

Jusqu'au costume de l'armée qu'il jugeait une réclame, car, disait-il : supprimez les galons, les passe-poils et les ornements, vous n'aurez plus de soldats, tous se débanderont au premier coup de fusil ; il faut même, pour obtenir beaucoup de bravoure, un peu de grosse caisse ; donc, réclame !

Tout, jusqu'à la mître de l'évêque, la chasuble du prêtre, le surplis du vicaire et la nappe de l'autel, réclame ! réclame par-

tout et toujours, du haut en bas de la hié-
rarchie sociale.

Voilà une matière imposable pour longtemps.

XVI

NÉVROSE D'UN PEUPLE

N sage a dit :
« quand tout un
peuple mérite la
corde, on ne
pend plus » ; on
peut dire aussi
justement :
quand tout le
monde est né-
vrosé, cela de-
vient un état
normal pour cha-
cun.

En effet, la névrose est contagieuse : qui voit bâiller bâille, et, de proche en proche, c'est un bâillement général qui survient; mais ce qu'il y a de particulier, c'est que : plus la névrose quitte la forme matérielle, plus elle trouve d'imitateurs ; ce qui revient à dire qu'une névrose psychique est celle qui contamine le mieux et le plus sûrement son entourage.

Or, l'hystérie et l'épilepsie sont des affections essentiellement cloniques, les mouvements sont désordonnés et portent particulièrement sur des appareils visibles : la bouche est écumeuse, les yeux sont convulsés ; toutes choses qui effraient et dégoûtent l'entourage, on détourne la tête et l'on est pris de pitié pour ces malheureux, mais on ne les imite pas ou rarement car il faudrait pour cela avoir de grandes prédispositions.

Mais combien sont plus contagieuses ces formes frustes de l'épilepsie qui ne portent que sur les sens et sur la raison !

Combien plus on est tenté d'imiter un

acte immoral qui satisfait au moins un instinct caché dans les replis de notre matérielle nature !

Un philosophe
pessimiste n'a-
t-il pas dit : « Au
fond de tout être
humain il y a
un cochon qui
sommeille ? »

Ne réveille-
t-on pas trop sou-
vent ce compa-
gnon de saint
Antoine, qui ne
doit sommeiller
que d'un œil
dans nos grandes
villes où tout est
bruit, excitation
et provocation ?

Celui qui res-
terait absolu-
ment chaste du

cœur et de l'esprit dans notre fournaise parisienne ne mériterait-il pas la grande canonisation ? Saint Antoine avait bien un cochon avec lui, mais il était dans le désert.

La névrose impulsive est donc à l'état latent chez tout être qui vit dans un milieu de tentation ; il suffit d'une circonstance accidentelle pour qu'elle se manifeste et porte ses fruits funestes ; la raison qui veille à notre salut moral a trop de luttes à soutenir pour ne pas succomber aux mille assauts qui lui sont livrés journellement.

La volonté n'est pas toujours assez puissante pour détourner le danger, surtout lorsque l'appât est si parfaitement déguisé qu'il prend l'aspect d'une satisfaction raisonnable, ou tout au moins, souhaitable pour nos instincts.

L'ivrogne est toujours un ancien buveur d'eau, dût-on remonter pour cela à l'époque de son sevrage, mais il s'est progressivement habitué au vin, du vin il passe à l'alcool ; de l'alcool à l'absinthe et il passerait souvent au vitriol si la liqueur verte lui en donnait le temps matériel; son palais s'est blasé, tout lui paraît fade, il recherche d'instinct les satisfactions où il peut les trouver, c'est logique.

Le paillard, lui aussi, a été un novice dont la chasteté date de loin, mais dont les étapes sensuelles pourraient se compter. L'entraînement a été le même, il a goûté à tous les fruits de la volupté, mais ses sens se sont émoussés ou oblitérés avant que ses moyens se soient épuisés, il cherche maintenant une satisfaction pimentée où le rapprochement idéal le laisse froid.

Tous nos instincts, quels qu'ils soient, peuvent être ainsi passés en revue; on verra toujours l'entraînement fatal vers la chute pour qui ne sait pas s'arrêter à temps, ou bien n'a pas cette puissance morale sur lui-même de savoir user sans abuser; qu'il s'agisse des sens ou de l'esprit, car si les satisfactions de l'âme sont moins grossières en apparence, elles n'en sont pas moins funestes en réalité, pour qui les pousse trop loin..

C'est ainsi qu'on arrive aux névroses mystiques qui ne sont ni les moins dangereuses ni les moins nombreuses.

Les aberrations de la pensée sont légion ; chacun voit à sa façon, on voit même les pailles du voisin sans voir ses poutres personnelles ; nous avons nos points de vue différents et, à force de raisonner, souvent nous déraisonnons ; c'est ainsi que nous arrivons au daltonisme de la vérité ; le vrai nous semble faux, et chose plus triste, le faux nous semble vrai, surtout lorsque notre sentiment personnel y trouve une égoïste satisfaction ; car nous avons trop souvent intérêt à n'avoir pour balance que celle qui penche de notre côté.

La satisfaction des instincts chez les animaux en liberté ne souffre aucune contrainte, aussi ne voyons-nous aucune déviation dans leurs mœurs, la nature parle et la loi naturelle s'exécute. Dès que nous mettons une entrave à leurs satisfactions, la déviation commence et s'accentue en raison directe de l'obstacle apporté.

L'humanité, grâce aux entraves apportées par le cérémonial de son code conventionnel, paie malheureusement son tribut à cette moitié d'elle-même ; on pourrait écrire sur son front comme en certains lieux : *côté pourceau, côté conscience.*

Or, si le côté conscience n'est pas cultivé parallèlement à la croissance du côté matière, il en résulte bientôt une suprématie vite accusée dans le sens bestial ; autrement dit, si la raison abdique, l'instinct prend aussitôt des droits et les affirme sans contrôle et sans frein.

Pour faire notre éducation morale, nous
avions autrefois Dieu, la patrie, la famille,
le respect des gens et des choses; maintenant qu'on a changé tout cela sans rien
mettre à la place, la conscience native, celle
qui est innée et qui nous vient encore de l'hérédité, vogue en pleine licence, sans aucune
boussole pour se conduire.

Nous avons bien encore pour quelque
vingt ans d'atavisme dans l'âme, par le fait
d'une force acquise, dans la longue suite des
générations, mais notre éducation civique
actuelle ayant pour objectif le droit de tout
dire et de tout faire sans contrôle, et pour
devise : LIBERTÉ pleine et entière de secouer
le joug qui nous gêne (car le correctif
« sans gêner les autres » ne peut être
observé que par des gens délicats qui ont
le tact de savoir ce qui gêne, c'est-à-dire
par des gens dont l'éducation a été faite
avec des principes sociaux tout opposés), il
en résulte une contrainte, une gêne qui
fait tirer les uns d'un côté, les autres de
l'autre. De là une lutte sociale qui couve;

non plus une guerre de religion comme
autrefois, mais une guerre de principes
entre l'élite raisonnable et la foule turbu-
lente; autrement dit, entre le suffrage
restreint des éclairés et le suffrage universel
des affamés qui veulent tirer la table à eux
sans rien faire pour payer leurs droits au
banquet de la vie, car par ce temps d'instruction laïque et obligatoire chacun croit
avoir l'étoffe d'un homme de génie ; on
croit d'autant mieux à sa propre valeur
qu'on croit moins à celle des autres.

Nous avons, pour ainsi dire, comme un
besoin de nous habituer à notre nouveau
milieu pour devenir moins égoïstes, car il
ne faut pas perdre de vue que les sociétés
vivent surtout de solidarité.

Voilà une des principales causes de la
grande névrose s'étendant des villes aux
campagnes comme une tache d'huile, de
cette névrose qui excite tout un peuple à
monter à l'assaut des satisfactions et des
jouissances, car, d'après nos principes
d'ÉGALITÉ, nous sommes en droit d'at-

tendre notre part de bonheur qui n'est plus
la modeste « poule au pot » du bon roi
Henri, mais bien les jouissances de l'opu-
lente Marianne qui ne nous promet pas un
ciel hypothétique, mais bien un vrai ciel
de lit, avec ses accessoires.

En terminant la première partie de ce
livre, nous montrions la CAUSE MATÉRIELLE
des névroses dans l'obligation où nous
étions de nous surmener pour satisfaire aux
besoins toujours croissants des mangeurs
improductifs, nous incriminions l'*ogre insa-
tiable* qu'on nomme le *budget des armées
permanentes* et nous disions, en nous appro-
priant une parole tristement célèbre : VOILA
L'ENNEMI !

En terminant cette seconde partie, nous
venons dégager, avec non moins de logique,
la seule CAUSE MORALE qui nous mène en
droite ligne aux troubles vésaniques de la
raison : c'est la libre discussion qu'engendre
le *parlementarisme* né du suffrage universel,
car nos institutions, quoi qu'on fasse, se
ressentiront toujours de leur basse extrac-

tion — le niveau intellectuel et moral du tout, ne s'élevant jamais aux altitudes sereines de l'exception. — Donc! le parlementarisme plébéien, VOILA L'ENNEMI!

TROISIÈME PARTIE

NÉVROSES D'ORIGINE INTERNE

I

NÉVROSE DE L'ESTOMAC

« DIS-MOI ce que tu manges, je te dirai comment tu te portes » est une maxime d'hygiène que n'aurait pas désavouée Brillat-Savarin, de gastronomique mémoire.

En effet, l'estomac est le siège

principal de la digestion; et, selon qu'il fonctionne bien ou mal, on est en bonne ou en mauvaise santé.

Jean Macé a fait l'*histoire d'une bouchée de pain;* avant lui, La Fontaine a fait la fable *des membres et de l'estomac;* tous deux ont eu pour but de démontrer l'influence d'une bonne digestion sur la santé générale.

Que pourrions-nous dire sur la question qui ne soit su de chacun !

Nous allons cependant rappeler les principales lois physiologiques qui régissent la digestion, de manière à montrer comment la névrose est souvent la conséquence d'un surmenage de l'estomac.

Et tout d'abord, un aliment complet se compose de trois seuls principes utiles : l'amidon, l'albumine et la graisse; tout ce qui n'est pas cela est rejeté.

Il y aurait donc un choix judicieux à faire dans le régime alimentaire pour ne pas fatiguer inutilement l'intestin, dont le rôle final est fort connu; mais il existe peu d'aliments dont la totalité soit profitable; il

n'y a guère que le lait et les œufs qui
soient dans ces conditions. Leurs principes
sont même dans de si heureuses proportions, que les réparations sont absolument
parfaites et suffisantes avec ces seuls aliments, à la condition toutefois qu'on les
prenne en nature et sans les soumettre à
l'action nuisible du feu; car, autant un œuf
mollet est assimilable, autant un œuf cuit
dur l'est peu.

Il en est de même de l'albumine du lait
qui ne doit jamais être coagulée, si on
veut qu'elle soit facilement soluble ou
digérée.

Mais ce sont là simplement des vues
théoriques plutôt que pratiques, et nous
serions fort mal venus si nous réduisions
l'alimentation à cette portion congrue que
nous réservons seulement pour nos médications, et qui est même notre grande ressource dans l'art de guérir.

Lorsque des écarts de régime ont perdu
les meilleurs estomacs, il nous suffit souvent de prescrire une diète lactée pour opé-

rer nos plus grands miracles ; ce qui nous
conduit à dire que le meilleur médecin est
encore celui qui fait le mieux rentrer son
client dans la saine limite de son pouvoir
digestif et que le meilleur remède est celui
qui nourrit son homme sans l'incendier.

Cela dit, revenons à la digestion ; elle se
fait en trois lieux différents, qui sont : la
bouche, l'estomac et l'intestin.

La bouche ne fait que transformer l'amidon en dextrine.

L'estomac ne fait que transformer l'albumine en peptones.

L'intestin, avec son suc complexe, se
contente d'émulsionner la graisse et répare,
dans une certaine mesure, les omissions des
deux précédents organes.

Mais arrêtons-nous un peu sur la fonction de ces organes pour bien montrer leur
rôle et surtout leurs défauts.

La bouche prend l'aliment à l'aide des
lèvres, les dents incisives le coupent et le
fractionnent si cela est nécessaire, les mo-
laires le broient et le triturent, la salive

l'imprégne de façon à transformer tout l'amidon qui s'y trouve en dextrine, la langue en forme un bol qu'elle fait glisser dans l'œsophage; voilà la fonction, il nous reste à parler des défauts.

Les dents ont ici un rôle capital, car, si les aliments féculents n'ont pas été triturés de façon à former une pâte liquide, l'imprégnation par la salive ne sera pas complète et des grains d'amidon resteront inattaqués et par conséquent sans utilisation possible ; on comprend fort bien, en effet, que l'amidon ne peut pas se mêler directement au sang; il faut qu'il soit converti tout d'abord en dextrine, puis finalement en sucre pour y être soluble.

L'estomac a un autre rôle, il ne digère que les albuminoïdes, qu'on les appelle fibrine, caséine, sérine, légumine ou glutine, peu importe; encore faut-il que ces albuminates soient divisés et broyés suffisamment pour que les sucs gastriques les imprégnent et qu'ils ne soient pas dans des proportions trop grandes pour la quantité de pepsine disponible, sans quoi les aliments ne sont pas digérés, et, lorsqu'ils ne le sont pas, qu'on sache bien qu'ils fermentent, se putréfient et forment des gaz qui dilatent l'estomac, écartent ses parois, jusqu'à ce que des éructations soient survenues pour chasser ces gaz ; alors seulement l'estomac peut se contracter et faire passer la masse non digérée dans l'intestin, qui, à son tour, va recevoir la corvée, de terminer une digestion pour laquelle il n'était pas destiné ; de là, du tympanisme et des grondements qui témoignent de son mécontentement.

Or, tous ces gaz sont le résultat d'une digestion incomplète ; lorsqu'on les rend, ce n'est que demi-mal, mais il arrive que les distensions sont parfois si considérables que l'estomac ou les intestins ont dépassé la juste limite de leur élasticité et ne reviennent plus sur eux-mêmes ; alors on ressent les plus épouvantables souffrances qu'il soit donné à un damné d'endurer.

En outre, si les aliments ne sont pas suf-

fisamment digérés pour être absorbés, les
gaz sont assez diffusibles pour l'être à leur
place.

Or, comme ces gaz sont, en partie, des
sulfhydrates d'ammoniaque, il en résulte
une véritable intoxication qui bientôt se
porte au cerveau pour engendrer la pire des
névroses : la *monomanie consomptive* avec tout
son cortège de troubles vésaniques.

L'hygiène alimen- taire devrait
donc faire l'objet de tous nos soins,

MESSER GASTER voulez-vous de Moi ?

et, au lieu de rechercher les plaisirs de la
bonne chère et les excès de table, aussi bien

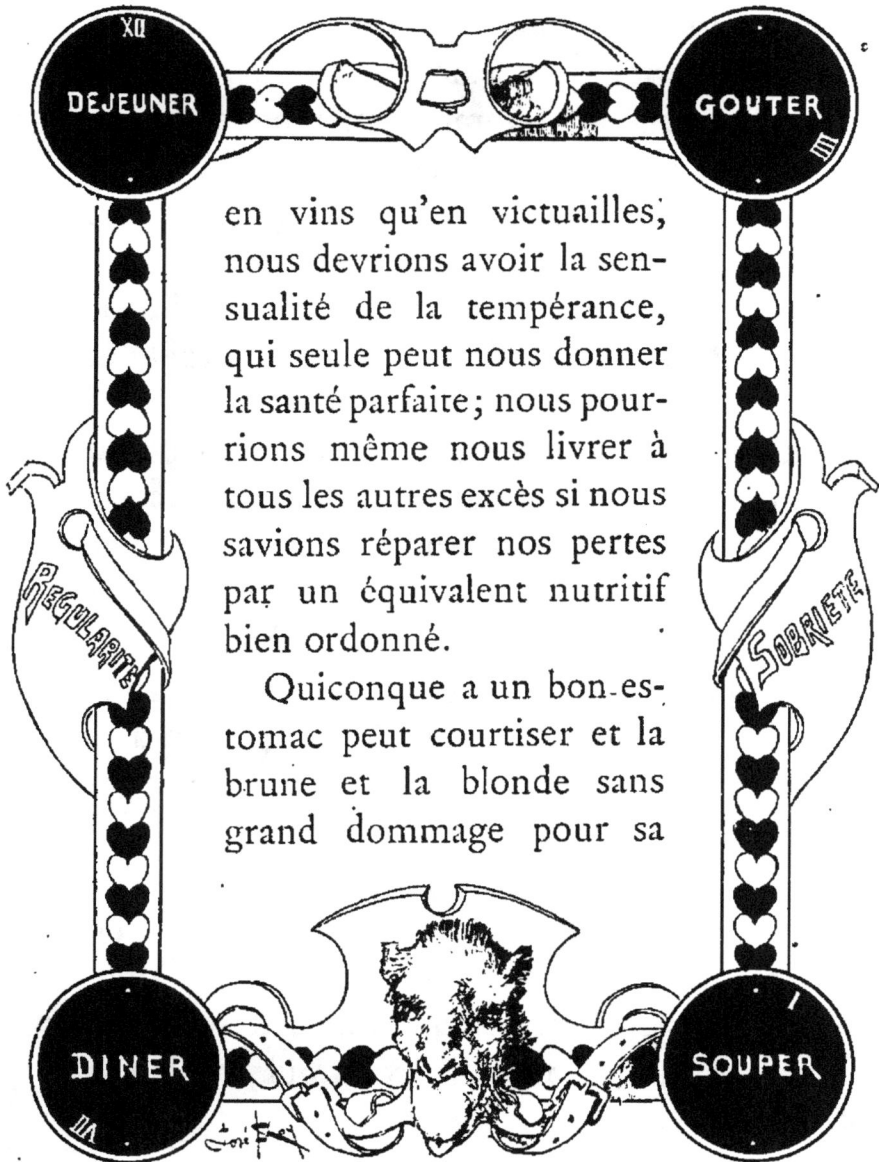

DEJEUNER

GOUTER

REGULARITE

SOBRIETE

en vins qu'en victuailles,
nous devrions avoir la sensualité de la tempérance,
qui seule peut nous donner
la santé parfaite; nous pourrions même nous livrer à
tous les autres excès si nous
savions réparer nos pertes
par un équivalent nutritif
bien ordonné.

Quiconque a un bon es-
tomac peut courtiser et la
brune et la blonde sans
grand dommage pour sa

DINER

SOUPER

santé, mais quiconque l'a mauvais creuse sa fosse de plusieurs centimètres à chaque contribution qu'il paie à Vénus.

En général, l'homme du monde mange trop et mange irrégulièrement, car c'est un tort de croire qu'on se rattrape d'un écart par une diète; ce qu'il faut, c'est la régularité et la sobriété; mais peut-on vraiment être sobre devant l'abondance, la variété et la succulence des mets qu'on sert dans ces dîners pantagruéliques de réceptions ? à moins d'être un gourmet, d'avoir beaucoup d'esprit et de s'en servir pour faire digérer les autres convives; ce qui est encore la meilleure façon de se tenir à table.

Quoi qu'il en soit, les écarts de régime sont trop fréquents et déterminent trop d'accidents pour que nous n'insistions pas sur cette question.

Trop manger détermine — en dehors de la dilatation de l'estomac qui est une vraie maladie chronique — des troubles fonctionnels qui retentissent immédiatement sur le cerveau, témoin l'alcool qui trouble la raison dès qu'on dépasse les bornes d'une certaine mesure.

Les aliments pris en excès ou de digestion difficile, provoquent aussitôt du malaise, de la pesanteur, des éructations, des aigreurs, de l'acidité du côté de l'estomac ; des lourdeurs, des troubles visuels, de la somnolence, de la torpeur du côté du cerveau.

En outre, les digestions sont laborieuses, incomplètes, fermentées, et vont par suite porter dans le torrent circulatoire des âcretés et des principes putréfiés qui vont bientôt se manifester sous la forme de migraines, de névralgies et de vésanies qui vous gâtent tous les plaisirs de la vie, vous font souffrir et font souffrir les autres par l'altération certaine de votre caractère.

Et enfin, alors même que l'estomac fonctionnerait bien, si vous mangez trop, c'est-à-dire, si vous faites plus de recettes que de dépenses, soyez assuré que les reliquats qui ne seront pas dépensés vont se loger dans quelques coins de votre économie sous forme de gravelle, de goutte, de graisse et autres produits hétérogènes qui vont devenir la source d'une mauvaise santé et la cause directe des névroses d'origine interne.

" DEUX MITRONS NE PEUVENT SE REGARDER SANS RIRE "

22.

II

NÉVROSE ALCOOLIQUE

Noé nous a fait un triste cadeau le jour où, cultivant la vigne, il nous a légué son suc divin. Toutefois, il faut lui accorder cette circonstance atténuante, qu'il fut le premier à nous en montrer les pernicieux effets; car l'histoire nous dit : que l'ayant trouvé soûl comme une bourrique, ses fils l'envoyèrent cuver son vin sur un fumier.

Aucun animal de la création n'est assez bête pour prendre une boisson alcoolique s'il n'y est progressivement amené par l'homme, qui fausse sa nature par la domestication; et encore, n'est-ce qu'à la dose insignifiante de quelques gouttes corrigées par du sucre qu'il se décide à en prendre, tant il lui faut d'appât pour tromper ses instincts qui le mettent en garde contre le suicide.

Nous savons que le vin a été chanté par tous les poètes, presque tous buveurs d'eau par nécessité, mais c'était simplement chanter l'espérance d'y goûter un jour, comme les aveugles qui aiment à parler des couleurs. Du reste, lorsqu'on chante dans les agapes fraternelles ce fameux jus divin, on est bien près d'avoir perdu la raison, ce qui n'est pas une recommandation bien grande en faveur du vin qu'on chante.

Quoi qu'il en soit de l'avis des poètes,

disons de suite ce que l'hygiène nous enseigne : le véritable jus de la vigne est une
boisson saine, agréable, lorsqu'elle est prise
à petite dose ; c'est même un bon stimulant
de la digestion et un merveilleux tonique ;
mais à dose un peu élevée, c'est un exci-
tant qui devient bientôt un stupéfiant .fu-
neste.

Arrêtons-nous donc ici pour faire le
procès du vin ; mettons dans les deux pla-
teaux de la balance ses avantages et ses inconvénients, et l'on jugera si ce n'est pas
le don le plus funeste qui nous ait été fait
pour notre santé.

Et tout d'abord, on dit « fort comme un
turc », or un musulman ne prend aucune
boisson fermentée, l'eau pure est son seul
breuvage ; en outre, sur douze cents millions
d'habitants qui peuplent la terre, un milliard
environ ne boivent pas de vin, soit par
pauvreté, soit pour se soumettre à des
dogmes religieux édictés par de sages fon-
dateurs qui y avaient vu une question de
salut social et non pas une question de salut

éternel, prévoyant que si l'on permettait l'usage du vin, on arriverait vite à l'abus.

Or, ce milliard d'individus qui ne boivent pas de vin ne s'en portent pas plus mal, au contraire ; la santé générale des buveurs d'eau l'emporte de beaucoup sur celle des buveurs de vin, à plus forte raison sur celle des buveurs d'alcool.

Le seul avantage du vin est celui-ci : pris à dose modérée, additionné d'eau, il est, à la condition d'être bien préparé : sain, tonique et stimulant. Après un repas copieux, ou à la suite d'une fatigue inaccoutumée, un verre de vin pur peut être fort utile, mais c'est là tout ce qu'on peut raisonnablement lui accorder.

Il a été démontré sur de grands chantiers composés de quatre à cinq cents ouvriers terrassiers, que le patron qui nourrissait ses ouvriers en leur donnant un litre de vin par jour, gagnait largement le prix de ce vin par le rendement d'une plus grande somme de main-d'œuvre ; mais, dès qu'il dépassait cette quantité d'un litre, il perdait, non seulement le prix de son vin, mais encore une partie du travail exécuté lorsque les ouvriers étaient à l'eau pure.

D'où il résulte que le vin pris en de sages proportions peut rendre des services, mais il ne faut pas perdre de vue qu'un litre de vin contient de cent à cent vingt grammes d'alcool pur et que cette dose d'alcool n'est pas sans danger pour les globules du sang, pour le foie en particulier, qu'il dispose à la cirrhose, maladie grave s'il en fut et qui conduit sûrement à l'hydropisie, d'où le proverbe :

Celui qui vit dans le vin meurt dans l'eau.

On entend chaque jour ce raisonnement chez l'ouvrier qui vient consulter pour une dyspepsie : « Docteur, je ne bois pas, je suis même très sobre : une petite goutte le matin, mon litre de vin à midi, quelquefois un verre dans la journée, mon litre le soir, et c'est tout. » Ce *tout* se traduit cependant par 300 grammes d'alcool pur dans les 24 heures, et on appelle cela de la so briété, alors que la tolérance pour le travailleur est de cent grammes tout au plus.

Quant au bourgeois qui n'a qu'un travail sédentaire peu fatigant, la dose de tolérance ne doit pas dépasser une bouteille de vin vieux par jour, soit un maximum de 50 grammes d'alcool pur, ce qui est largement suffisant pour son peu d'activité.

Mais combien peu nombreux sont ces bourgeois aisés qui se contentent de ce modeste ordinaire ? C'est non seulement la bouteille à chaque repas, mais encore le petit verre, la fine champagne, les liqueurs et le reste.

Il faut bien avouer que la satisfaction des sens y est pour quelque chose ; c'est une question de chatouillement d'un palais blasé qui se délecte autrement qu'avec de l'eau, breuvage insipide et pas toujours de bonne qualité, surtout dans les grandes villes ; voilà le seul motif qui nous fait rechercher le vin ; car ce n'est une boisson ni nutritive, ni fortifiante, elle est tout au plus stimulante et ce n'est que par habitude

Rougeron Vignerot, sc.

que nous la trouvons indispensable, au même titre que le café et le cigare qui ne sont que des consommations de pur agrément, sans aucun avantage pour la santé générale.

Au reste, si nous n'avions qu'à traiter la question de l'usage modéré du vin et des liqueurs, nous n'aurions pas le courage de rompre une lance en faveur de l'eau ; c'est de l'abus seul du vin et de l'alcool que nous voulons parler, car seul il détermine des accidents redoutables qui conduisent à la névrose la plus écœurante et la plus abrutissante qu'il soit donné à l'homme d'envisager, la plus dégradante et la plus meurtrière qu'il soit donné au médecin de constater dans la pratique de son art.

Les Lacédémoniens entretenaient des esclaves qu'ils appelaient « Ilotes » dans l'état le plus abject en les plongeant dans l'ivresse, et, dans cet état, les livraient en spectacle pour dégoûter les jeunes Spartiates de l'intempérance.

N'ayant pas ce moyen à notre disposition, il nous suffira, sans doute, de tracer ici les diverses phases de l'alcoolisme pour en montrer toute l'épouvantable laideur.

Mais, tout d'abord, disons bien vite que ce n'est pas un portrait d'ivrogne que nous traçons ici, car personne ne voudrait s'y reconnaître ; nous voulons faire l'histoire d'un homme quelconque qui se laisse progressivement entraîner, sans le savoir, sans le vouloir, mais qui est pris dans un engrenage où son corps va passer tout entier.

Un homme sobre qui s'enivre une fois par hasard ne devient pas un ivrogne ; la leçon suffit généralement à le faire rentrer au plus vite dans sa sobriété normale ; son estomac et sa torpeur cérébrale, au besoin, l'y rappelleraient ; mais où commence le danger, c'est lorsqu'un homme en arrive régulièrement à boire du vin pur à tous ses repas, quelques petits verres, une absinthe en dehors de ceux-ci ; neuf fois sur dix, c'est un homme à la mer, car l'engrenage l'a mordu ; c'était hier un agréable passe-temps, demain cela deviendra un impérieux besoin.

On n'arrive pas à l'ivrognerie en huit jours, on commence lentement, on s'accoutume à l'alcool, *on ne se grise jamais*, et c'est précisément parce qu'on ne se grise pas qu'on croit volontiers qu'il n'y a pas d'inconvénient à continuer. C'est ainsi qu'on met dix ans pour s'alcooliser lentement mais sûrement ; on s'imbibe pour ainsi dire goutte à goutte, jusqu'au jour où l'incendie appelle de nouvelles doses d'alcool, aussi impérieusement que le fumeur demande sa pipe ; cela devient une nécessité engendrée par l'habitude.

Traçons ici la marche de l'alcoolisme : Un homme a bu pendant six, sept ou dix ans, une moyenne de deux bouteilles de vin, un petit verre après son café et son absinthe chaque jour ; il lui semble ne pas se trouver mal de ce régime ; mais son appétit est bientôt troublé, il mange peu, se rattrape sur la boisson, pour se donner des forces, du moins il le croit ; bientôt il

se produit chez lui un léger tremblement
des mains, un affaiblissement graduel des
forces, ses aptitudes génitales diminuent ;
alors il devient inquiet, irascible, nerveux ;
le matin, sa langue est épaisse, il a de
l'hésitation dans la parole, parfois même
un bredouillement ou un bégaiement ; il
a la sensation de mouches ou de taches
volantes qui lui passent devant les yeux
qu'il frotte pour les chasser ; ses paupières
sont bouffies et bridées, il paraît avoir les
yeux plus petits, son regard est éteint ; le
sommeil devient agité, inquiet, peuplé de
visions chimériques.

Des fourmillements se manifestent aux

extrémités inférieures, il a des crampes dans les orteils et dans les mollets ; bientôt les fourmillements deviennent permanents et remontent au tronc, gagnant les membres supérieurs, les jambes deviennent vacillantes, la débilité progresse et envahit tout le corps.

La sensibilité générale s'émousse, il n'est plus nécessaire de boire pour paraître gris ; au réveil, on titube et on jacasse pour ne rien dire, l'hébétude arrive et l'abrutissement termine le tableau. Un peu plus tard surviennent les hallucinations et des terreurs soudaines, surtout le soir, les pupilles se dilatent, la rétine devient moins sensible à la lumière. Des vomiturations acides succèdent à des douleurs gastralgiques ainsi qu'un dégoût de plus en plus marqué pour les aliments ; il existe une tension douloureuse au creux de l'estomac avec une sensation interne de fer rouge ; c'est l'alcool qui continue son action de destruction en corrodant la muqueuse de l'estomac ; l'amaigrissement apparaît bientôt, il se manifeste

sur la peau un état terreux et blafard tout
à la fois, qui démontre que l'assimilation
ne se fait plus, la misère physiologique
s'accuse et la déchéance organique laisse la
porte ouverte à toutes les productions vé-
gétantes qui veulent s'implanter dans ces
tissus, car ceux-ci ne sont que de véritables
terrains d'engrais où poussent tous les
néoplasmes qui veulent se produire dans
cette caducité branlante.

Bientôt apparaissent les secousses con-
vulsives des membres avec tout le cortège
du délire furieux : rats qui grimpent, animaux apocalyptiques qui dansent et mordent
le malheureux ; voleurs qui viennent lui
dérober des lambeaux de sa chair, appari-
tions fantastiques qui l'emportent dans une
sarabande de chauves-souris aux longues
ailes puantes, etc., etc.

Le pauvre diable reflète, dans une expression tragique, les angoisses qu'il éprouve ;
il finit généralement ses jours, soit dans les
convulsions, soit dans une crise d'épilepsie ;
le plus rarement dans un délire tranquille.

Dans les dernières années de sa vie, il est souvent assailli par des affections qui dépendent de son alcoolisme : albuminurie, cirrhose graisseuse, épanchement de sérosité dans les muqueuses amenant l'hydropisie ; souvent le ramollissement cérébral ou la pa-

ralysie générale surviennent avec le gâtisme qui en est la triste conséquence.

Mais bien avant tout ce funèbre cortège, l'homme atteint d'alcoolisme chronique, n'est plus que l'ombre de lui-même au point de vue intellectuel : il est apathique, indifférent, sans initiative, sans énergie, pusillanime, lâche même ; ses facultés cérébrales s'affaiblissent, sa raison est impuissante, il est oublieux de ses proches et de lui-même, pue le vin ou l'alcool, devient crapuleux, roule au ruisseau dans les plus abjectes conditions.

C'est là, nous l'avouerons, un portrait bien sombre du buveur, mais si notre portrait est un peu poussé au noir, combien de milliers sont atteints de cet alcoolisme chronique dans notre seule ville de Paris, et combien vont terminer leur triste carrière à Sainte-Anne ou à l'hôpital ; car l'ivrogne est non seulement exposé aux maladies provoquées par l'alcoolisme, mais encore il succombe à des pleurésies ou des fluxions de poitrine contractées dans l'exer-

cice de son vice ; ayant bu, il roule dans
un coin et se trouve exposé aux intempéries
des nuits froides et pluvieuses et, s'il ne
meurt pas toujours du *delirium tremens*, il
meurt des accidents qui gravitent autour de
sa funeste passion.

L'alcoolisme est la plaie du siècle, il
est aussi une des causes principales de la
misère dans les classes ouvrières ; il conduit à la folie, ou, tout au moins, à l'abrutissement progressif.

23.

III

NÉVROSE CUTANÉE

O N ne connaît pas assez le rôle de la peau au point de vue de la santé générale et du système nerveux en particulier.

Un exemple est ici nécessaire : M. Adrien B..., un riche créole de la Martinique, fut pendant de longues années notre client ; il fut même un peu notre pensionnaire, c'est dire que nous avons suivi les phases de sa singulière maladie avec le plus vif intérêt.

M. B... était atteint d'une lèpre squameuse recouvrant la plus grande partie de son corps; tantôt cette lèpre était humide et dégageait une odeur fétide; tantôt elle était sèche, écailleuse, sans odeur; parfois la desquamation était totale, laissant après elle une peau marbrée d'un rouge vineux sur fond gris.

Pendant toutes les périodes de sa maladie cutanée, M. B... possédait un caractère charmant; il était gai, enjoué, aimable convive, bon, serviable, dévoué, allant au-devant des moindres désirs qui pouvaient être manifestés autour de lui, même par des personnes qui lui fussent indifférentes, tant il cherchait à faire pardonner ses gestes d'épileptique et les brusques mouvements de torsion de tout son corps contre ses vêtements, auxquels le portait le besoin invincible de se gratter.

C'était même un beau et spirituel causeur: ayant beaucoup voyagé, il nous racon-

tait d'une façon très fine ces mille hâbleries
que disent avec tant d'aplomb ceux qui reviennent de loin.

En un mot, M. B... était un gentleman
accompli pendant tout le temps que durait sa
maladie cutanée.

Mais lorsqu'il était fatigué de l'avoir, il
s'en débarrassait assez facilement à l'aide
d'un bain spécial qui le blanchissait en
quelques jours, au point qu'il ne restait absolument aucune trace de sa maladie de
peau. En revanche, quel épouvantable
caractère! Il était absolument insupportable, désagréable au possible, caustique,
mordant, rageur; chacun recevait de lui
des coups de boutoir lancés avec l'âpreté
d'une méchante nature cherchant à blesser
pour le plaisir de blesser et trouvant toujours
les bons endroits avec la sûreté d'un homme
qui connaît les défauts de la cuirasse du
cœur humain.

Et, tant durait la beauté de sa peau, tant
durait la laideur de son âme, au point que
nous souhaitions l'épanouissement de ses

horribles ulcères, moins désagréables à sentir que ses épigrammes barbelées, et moins venimeux que le fiel distillé par ses sarcastiques apostrophes.

Parfois, le cerveau semblait cependant se dégager un peu de ses scories putrides, mais au détriment de l'estomac qui était aussitôt atteint des plus angoissantes douleurs, et produisait les rots les plus bruyants et les plus précipités, donnant la sensation de plusieurs vents qui se dirigent vers la glotte, pour sortir avec fracas, et en même temps se manifestaient d'épouvantables épreintes provoquant des vomissements acides ayant le goût d'œufs pourris.

Tant que la maladie ne se manifestait pas au dehors, il se produisait des métastases des plus singulières ; tantôt il ressentait d'atroces migraines, d'autres fois des diarrhées rebelles se produisaient, mais où, la crise était redoutable, c'était lorsqu'elle devenait purement psychique ; il était en proie aux plus singulières aberrations du sens génésique, ses passions étaient non seule-

ment ordurières, mais descendaient à la bes-
tialité la plus dégradante. Le croirait-on ? il
avait aux environs de Paris une chèvre
blanche qu'il entretenait aussi royalement
que la plus appétissante de nos horizontales.
Il avait mis tout un personnel à sa disposition
et rien ne lui coûtait pour trouver à sa chère
Pauline — c'était son nom — des cœurs
de laitue, du thym
et du serpolet servis
dans du vieux Sèvres
et des bonbons de
chez Boissier dans
des drageoirs en ma-
lachite.

Le gynécée lui-
même ne le cédait en
rien, comme coquet-
terie, aux plus jolis
boudoirs de nos hé-
taïres de grande mar-
que. Lorsqu'il était
dans ses coups de
folie, il se rendait à

son petit entresol où des ordres télégra-
phiques avaient été lancés; et Charles, son
belluaire au petit pied, lui préparait l'en-
cens et la myrrhe, ainsi que le chœur que
chantaient dans la coulisse deux jeunes
esclaves s'accompagnant de la mandoline et
de la guitare pendant que l'immonde personnage se livrait à la fougue enragée de
son épouvantable névrose, ne ménageant

ni la chèvre ni le chou, dans ses plus éche-
velés transports.

Son éruption cutanée reparaissait-elle ?

aussitôt tous ses malaises internes se dissipaient et l'être moral se dégageait comme une flamme claire sortant d'un brasier où brûleraient d'impures scories ; tel un soleil brillant qui se lèverait après la dispersion d'un orage épouvantable.

L'histoire ci-dessus nous montre combien est grande l'influence qu'exerce le siège d'un mal sur l'ordre de ses manifestations.

Il est donc prudent de ne pas changer le siège d'une maladie supportable en la faisant dériver sur un organe d'ordre plus élevé.

Lorsqu'une âcreté siège à la peau, on en est généralement quitte pour se gratter ; lorsque ce même mal se porte sur un organe interne, la fonction de ce dernier est supprimée ou tout au moins compromise ; et enfin, lorsque le mal se répercute sur le cerveau, on a de grandes chances de devenir criminel.

Au chapitre « *traitement* » nous dirons comment se traitent ces maladies nerveuses produites par un vice du sang ; il faut

avant tout modifier la constitution générale
avant de songer à déplacer un mal purement local.

IV

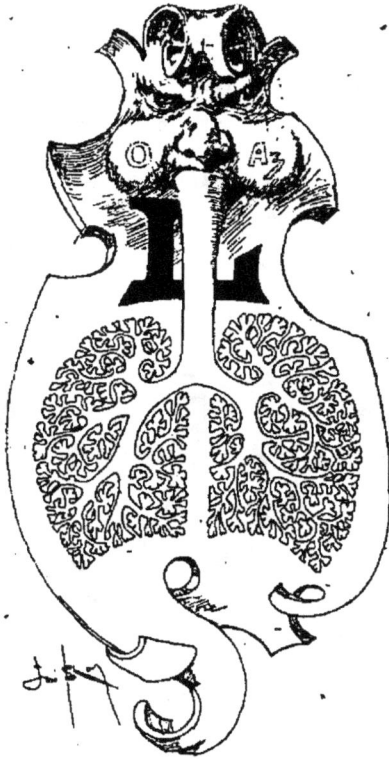

E champ pulmonaire est considérable, il a été mesuré assez exactement par plusieurs anatomistes qui ont eu la patience de développer et d'étaler tous les culs-de-sac pulmonaires sur une surface plane ; ils ont trouvé ainsi un carré de dix mètres de côté, soit cent mètres de superficie.

La cloison qui sépare notre sang de l'air extérieur est d'une minceur excessive, exactement d'un cinquantième de millimètre. C'est à travers cette cloison, facile à rompre, que se font les échanges gazeux indispensables à notre santé.

Pour se faire une idée approximative du travail pulmonaire, il faut savoir que nous respirons en vingt-quatre heures de 14 à 15 mètres cubes d'air dont le poids total n'est pas moindre de 18 à 19 kilogrammes, soit une absorption de près de 4 kilogrammes d'oxygène pur dont nous gardons la plus grande partie, mais en nous débarrassant d'un poids équivalent d'acide carbonique qui est un gaz nuisible.

L'oxygène est donc un élément qui est toujours à notre disposition; nous n'avons pas à nous en occuper, puisque nous l'avons toujours sur les lèvres; mais par une singulière indifférence nous faisons tout ce qu'il faut pour en altérer la pureté, en nous enfermant aussitôt que nous le pouvons dans un milieu clos et chauffé, deux mauvaises conditions pour recueillir tous les bienfaisants effets de ce gaz. D'une part, nous rejetons en acide carbonique l'équivalent de l'oxygène que nous fixons, ce qui vicie l'air des pièces où nous sommes enfermés en lui enlevant ses principes salutaires pour les remplacer par un gaz irrespirable ; d'autre part, tout air chauffé se dilate et contient, par cela même, un poids moindre d'oxygène, d'où il résulte un déficit dans le quantum de ses doses normales et utiles.

En dehors de l'air inspiré et des 3 kilogrammes d'oxygène assimilés nous absorbons dans les vingt-quatre heures le poids d'un kilogramme de vapeur d'eau par la respiration; soit en tout : 4 kilogrammes d'un aliment spécial que nous fixons sans aucune peine, sans aucun effort. Nous avions donc raison de dire au chapitre III que la plus grosse part de notre nourriture nous est fournie gratuitement par l'atmosphère et que cette part nous est encore plus indispensable que les deux kilogrammes de nourriture que nous prenons par l'estomac.

Il résulte de ces considérations que nous avons grand tort de ne pas tenir à la qualité de l'air que nous respirons, car il n'a pas seulement pour vertu de nous faire vivre dans le moment présent, il a surtout un rôle de nutrition pour l'avenir; c'est, en effet, l'oxygène qui permet la fixation des principes nutritifs et qui brûle les déchets de nos matériaux usés et nuisibles; en un mot, partout où il trouve du charbon, il fixe sur celui-ci deux de ses molécules pour lui servir de véhicule, autrement dit, il donne des ailes aux scories solides afin qu'elles quittent la place sous forme de gaz, car l'acide carbonique a pour formule CO_2.

On le voit, sans l'oxygène, le charbon étant un corps solide, resterait sur place et nous encombrerait aussitôt.

Donc, l'oxygène est tout aussi utile à la dénutrition qu'il l'est à la nutrition, et c'est pour cet élément si précieux que nous prenons si peu de soins!

En dehors de la respiration normale, nous avons encore la respiration cutanée qui joue un rôle actif sur la circulation périphérique.

Pour bien comprendre l'utilité de cette respiration cutanée, il est indispensable de faire ici un peu d'anatomie : l'artère qui part du cœur pour porter le sang nutritif sur tous les points de l'économie, se divise, on le sait, en une infinité de branches principales, en rameaux et en ramuscules se terminant par des capillaires qui forment un réseau très fin sous l'épiderme ; de là, résulte une circulation d'autant plus lente que les vaisseaux sont plus petits, d'où le nom de *lac sanguin*.

Or, un lac ordinaire n'a presque pas de mouvement, à peine quelques mutations dans l'apport et dans la sortie du liquide qu'il contient ; c'est donc bien l'image de ce qui se passe dans notre lac sanguin ; mais, néanmoins, il faut que ce sang qui vient de perdre ses qualités nutritives en nourrissant tous les tissus sur son parcours, fasse retour au cœur droit, pour être ensuite chassé dans le poumon, y reprendre de l'oxygène et rejeter son acide carbonique.

Mais pour revenir au cœur, il faut de toute nécessité que le sang passe par des veinules et par des veines : or, s'il est dépouillé de son oxygène, il n'aura plus aucune stimulation sur ces vaisseaux qui sont essentiellement passifs ; ils se laisseront distendre sans avoir la force de faire refluer la masse du sang à travers leurs valvules et leurs écluses ; d'où une dilatation variqueuse très préjudiciable à la bonne circulation, et, partant, très préjudiciable à la bonne santé.

Le lac sanguin immédiatement placé au-dessous de notre épiderme contient, à lui seul, autant de sang que tout le reste du corps, mais ce sang y est stagnant, n'ayant plus la force de se tirer de là pour remonter son long trajet sans une puissante *action réflexe* qu'il puisera seulement dans le bain d'air extérieur.

C'est ainsi qu'en sortant d'une pièce

chaude où nous sentons de la chaleur à la peau, celle-ci se décolore aussitôt, fouettée qu'elle est par l'air vif imprimant à la circulation périphérique une activité qu'elle n'avait plus ; or, la circulation c'est la vie, la stagnation étant, au contraire, la cause efficiente d'une altération prochaine, car tout liquide qui ne circule pas est voué à une dégénérescence assez prompte ; là est la genèse de toutes ces inflammations locales, si fréquentes à l'approche des premiers froids.

C'est pour cela que les cache-nez et les foulards autour du cou ont provoqué plus d'angines que tous les froids sibériens n'ont pu en déterminer. Ce ne sont pas ceux qui se découvrent qui attrapent des rhumes ou des pleurésies, mais bien ceux qui font tout ce qu'il faut pour congestionner la peau par un bain d'air chaud, car le sang étant resté longtemps emprisonné sous l'épiderme s'y est échauffé, s'y est altéré par la stagnation ; et alors le moindre coup de froid chasse ce sang altéré dans les grandes cavités où il apporte les germes d'une inflammation qui va évoluer bientôt, pour peu que le terrain lui soit propice, autrement dit pour peu que la résistance du sujet ne soit pas suffisante pour repousser l'ennemi.

Donc, les indications que nous pouvons tirer de cet ennuyeux chapitre sont les suivantes : respirons un air pur, souvent renouvelé, restons le moins de temps possible au milieu d'un air confiné ou sortons-en de temps à autre pour renouveler notre lac sanguin avant qu'il ne s'altère, ayons grand soin de notre peau à l'aide d'ablutions fréquentes qui enlèvent le vernis sébacé de l'épiderme et permettent aux vaisseaux qui sont au-dessous de respirer librement, car ne sait-on pas qu'il suffit de se vernir le corps pour mourir en vingt-quatre heures, même lorsque ce vernis est de la crasse.

La propreté du corps est donc, en dernière analyse, la plus belle garantie que nous ayons d'une bonne santé.

Quant aux névroses de l'appareil respiratoire, elles sont peu nombreuses et se gué-

24

rissent presque toujours par l'observation
de simples prescriptions d'hygiène; ces névroses sont : la dyspnée, l'asthme et l'an-
gine de poitrine dont l'histoire serait ici
peu à sa place.

SATAN PRINCE DE L'AIR

NÉVROSE GÉNITALE

Dans la *Physiologie de l'amour moderne*, Paul Bourget décrit d'une manière
très délicate les diverses façons d'aimer et
d'être aimé. Il expose dans son étude une fort

belle analyse du cœur humain qui démontre
qu'il est passé maître dans l'art de disséquer
cet organe dont le siège est au centre, mais
dont les sensations sont partout, ce qui démontre que l'amour comme la faim est un
désir de l'*être entier* demandant une légitime
satisfaction ; et, qu'en ceci comme en cela,
on doit distinguer les gourmets des gourmands.

Nous ne suivrons pas l'auteur dans les
mille nuances de l'amour moderne, c'est
affaire de poète délicat de nous faire connaître des sensations autres que celles qui
nous sont personnelles ; trop souvent nous
n'avons que la soupe et le bœuf alors que
les privilégiés ont au moins six plats au
choix, depuis le gigot du tendre agnelet
jusqu'à la culotte faisandée d'un vieux soli-
taire. Tout cela est affaire de goût et d'appétit, et quoiqu'on soit par état ou par nécessité dans l'obligation de vivre sobrement,
on n'en lit pas moins avec plaisir un menu
succulent, car, si vous n'avez pas les saveurs
du festin, tout au moins l'eau vous en vient

à la bouche; c'est du reste souvent la seule chose qui ne vous donne aucun regret et les préliminaires sont quelquefois ce qu'il y a de meilleur dans la réjouissance.

Notre physiologie de l'amour sera moins complexe pour nous qui restons sur le terrain médical et nous dirons qu'il n'y a que deux sortes de femmes : celles qui sont mères, celles qui ne le sont pas.

Celles qui sont mères ont rempli leur mission, elles se sont dédoublées, elles vivent dans l'enfant qu'elles aiment plus qu'elles ne se sont jamais aimées, l'égoïsme maternel est leur seul amour. Celles-là ne pèchent pas, qui sont mères dans toute l'acception du mot; elles ont des devoirs à remplir, et, quelle qu'en soit l'étendue ou la peine, elles y suffisent ou s'y résignent.

Quant à celles qui ne sont pas mères, quelle que soit leur situation sociale, célibataires ou mariées, nous constatons toujours chez elles une inquiétude des organes : soupirs du cœur pour les unes, fureur utérine pour les autres, quelquefois les deux.

24.

Ces aspirations s'assou-
pissent ou s'éveillent pé-
riodiquement et semblent
liées aux phases lunaires;
de là, l'expression de luna-
tiques qu'on leur donne;
ce que ces femmes défen-
daient la veille avec l'âpre
énergie d'une âme chaste
et pure, elles l'offrent
pour ainsi dire à qui se
présente au moment psy-
chologique.

Mais ceci rentre dans la
névrose régulière et nor-
male de la femme; c'est
aux maris ou aux parents
de veiller sur ces mo-
ments où les poules font

la roue, car les coqs sont toujours lâchés et
le plumage officiel d'un mari ou d'un père
n'est pas toujours une garantie contre les
envies de picorage dans le poulailler voisin.

Les lois sociales défendent bien ces envolées dans le domaine d'autrui, mais les
lois naturelles semblent les absoudre en
disant : « Lorsque tu as faim, mange où tu
trouves » ; les lois divines elles-mêmes y
invitent les convives en leur disant : « Crois-
sez et multipliez. » Donc, d'après les principes de la mécanique, la seule raison sociale
n'est pas toujours la plus forte, ce qui fait
qu'elle n'est pas toujours écoutée.

Mais si nous quittons la névrose pério-
dique et naturelle de la femme, il nous reste
à dire un mot de sa névrose exceptionnelle.

Il y a des gens qui suent des pieds, il en
est d'autres qui suent de la tête et d'autres
de nulle part ; il existe là une prédisposi-
tion dont on n'est pour ainsi dire pas responsable, car on ne sue pas de quelque part
pour se rendre intéressant, on sue parce
qu'on sue, comme on est blond ou brun.

Vous avez des gens qui ont un eczéma à la jambe, d'autres en ont un au bras et d'autres en ont ailleurs; il en est qui ont des boutons dans le dos, d'autres les ont à la figure; d'autres enfin sont couperosés, etc., etc.; toutes choses qui sont naturelles et inhérentes à notre tempérament, à nos antécédents, ou le plus souvent, aux antécédents de nos ascendants, ce qui affirme grandement l'irresponsabilité.

Si les uns ont de la bravoure dans le sang, d'autres y ont de l'âcreté, de la goutte, de la scrofule ou de la tuberculose, tout cela ne dépend ni de l'éducation ni de la raison, la morale n'a donc rien à faire ici; tel on vous a fait, tel vous êtes, c'est fatal; c'est ce qu'on nomme en médecine l'idiosyncrasie.

Partant de ces principes inéluctables, nous aurons quelque indulgence pour le tempérament dit « utérin » qui existe chez beaucoup de femmes; c'est une sorte de prurit profond provoquant une démangeaison insupportable et agréable tout à la fois, se manifestant par intermittences et à des degrés divers. Ces femmes éprouvent comme le frottement d'un léger duvet dans toute la région du petit bassin, une surexcitation se produit sur tous les tissus érectiles, le sang y afflue, chaud, brûlant même, des ardeurs s'en dégagent, montent à la gorge, prennent les tempes, chatouillent le bulbe et portent au délire.

Qu'on se figure un dieu malin, Cupidon ou quelqu'un de sa famille, nous chatouillant la plante des pieds jusqu'à ce que nous criions grâce, et l'on aura une idée du martyre voluptueux imposé à ces natures prédisposées par atavisme aux sensations de la plume mystérieuse qui les titille.

Qui n'a pas ressenti, quelquefois, cette

CUPIDON S'AMUSE

invincible démangeaison entre les deux
épaules qui ne cesse qu'après un grattage
fait à propos, dût-on pour cela se frotter
contre un soliveau ?

Le prurit du dos n'est pas toujours le plus
impérieux à calmer et il faut n'avoir aucune
indulgence dans l'esprit pour ne pas pardonner à la pécheresse qui cherche à calmer
ses ardeurs, dût-elle, pour y parvenir, se
servir d'une étrille.

Nous aurions à exposer ici de bien intéressantes névroses génitales, mais nous craignons qu'on ne nous accuse d'étaler avec
cynisme les fureurs de la chair en présentant nos passionnelles clientes avec trop
de réalisme, et pourtant, nous le répétons,
ce livre n'est qu'un
long procès-verbal
des cas qui nous
sont passés sous
les yeux, le récit
des confessions qui
nous ont été faites,
le plus souvent à

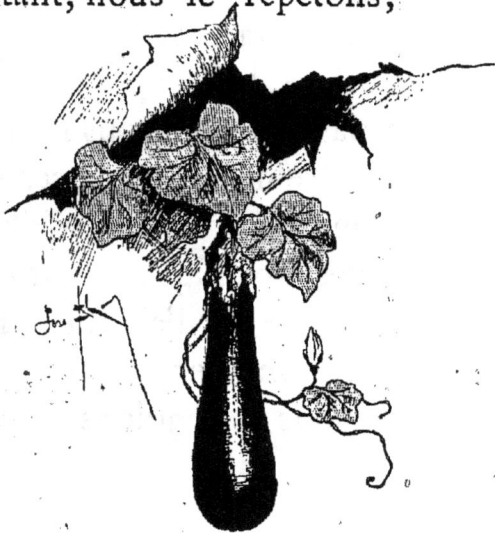

DISCRÉTION & SÉCURITÉ

travers des sanglots, car le prurit du sang n'est pas toujours le résultat de l'inconduite, il en est même trop souvent la seule cause première; et le topique que nous pouvons offrir à nos clientes désolées est trop souvent illusoire en l'espèce, pour que nous ne soyons pas porté à les absoudre quelquefois.

Il est des dartres sur la peau qu'on ne fait pas disparaître, même avec de longs traitements, à plus forte raison, en est-il ainsi de celles qui ont un siège profond et inaccessible à nos moyens d'action ; nous avons même remarqué que toutes les névrosées utérines étaient en possession, sinon d'une dartre intra-génitale, tout au moins d'un érythème local appelant un topique qu'on n'a pas toujours sous la main.

A côté de ces névroses utérines d'origine prurigineuse, il en est d'autres qu'on peut appeler psychiques, tant elles ne sont justifiées que par l'aberration de l'esprit ; on pourrait même trouver la dartre ou le prurit que nous invoquions tout à l'heure, dans

certains cervelets, s'il était possible de les y
chercher.

Ces désordres nerveux sont d'une telle
nature et les faits moraux qu'ils engendrent
sont tellement révoltants que nous n'osons
pas nous risquer à les signaler ici, car trop
souvent ils sont d'ordre contagieux. On remarque particulièrement ces désordres psychiques chez les femmes qui restent sans
émotion charnelle, elles pensent qu'en pi-
mentant leurs débauches il en sortira la volupté qu'elles recherchent avec tant de
persévérance, mais leurs sens n'en restent
pas moins de glace, le cerveau seul agit
et c'est là leur punition. Nous allons
essayer d'en donner un aperçu avec toute
la prudence de langage que comporte un
tel sujet, en ne citant que ce seul fait bien
digne de mesurer la perversité du cœur
humain, et ce pourra être tout à la fois une
bonne leçon.

Mᵐᵉ de X... avait épousé à 22 ans un
vieux baron d'une de nos plus illustres familles, alors qu'elle n'était que femme de

chambre à son service ; elle eut de ce mariage 7 enfants, tous procréés par ses valets, ce dont elle se flattait avec cynisme dans les fines parties qu'elle faisait en dehors du domicile conjugal ; un jour, le baron sentant approcher son heure dernière, fit appeler son oncle, vénérable prélat, pour qu'il vînt en personne lui donner l'extrême-onction.

Voici la scène telle qu'elle s'est passée : dans une somptueuse chambre à coucher de millionnaire haut-baron, un grand luxe avait été déployé pour satisfaire les derniers vœux du mourant. Le prélat, revêtu de ses plus beaux ornements épiscopaux, mitre en tête, officiait sur le devant du lit, entouré de son chapitre et de ses enfants de chœur ; au fond du lit, émergeait des rideaux de brocart à crépine d'or, la tête éplorée, faisant face à l'archevêque, de la malheureuse baronne. tenant sur ses lèvres de pourpre la main glacée du mourant, pendant que par derrière, le suisse de la paroisse, son ancien maître d'hôtel, la hallebarde au poing, lui rendait

25

ses devoirs à la cantonnade ! Qu'on juge de
la situation de l'infortunée baronne, dont
la moitié visible, poussait des soupirs arra-
chant la pitié des assistants, alors que l'autre
moitié, plongée dans la coulisse, recevait
les hommages du plus haut de ses larbins.

Marguerite de Bourgogne, croyons-nous,
n'a pas été jusque-là.

VI

NÉVROSE SÉNILE

ous disions au début de la deuxième partie de ce travail que la névrose sénile n'était pas la moins violente, nous ajouterons qu'elle n'est pas la moins écœurante.

L'adulte jeune aime à sa façon : vif, impétueux, il paie de sa personne, va droit au but et ne s'attarde pas dans les plates-bandes du sentimentalisme; il aime avec sa chair, il répand son exubérance partout où il trouve un placement, sans même se montrer trop exigeant sur la qualité de

l'objet de son culte; il fait l'amour comme
il mange, à belles dents, vaille que vaille.

Lorsqu'il dépasse la trentaine, il devient
circonspect, il a tant laissé de ses plumes
aux ronces du chemin, qu'il se montre ré-
servé et ne fait ses placements qu'à bon
escient; il a encore des maîtresses, mais il
a échenillé toutes les chrysalides qui pouvaient lui donner des papillons, il fait encore de bons repas, mais il craint les indi-
gestions et s'en gare. Vers quarante-cinq
ans, il commence sérieusement à réfléchir,
il ne fait que des placements de premier
choix et avec garantie, il commence déjà à
faire du marivaudage, son esprit participe à
ces agapes du tête-à-tête qui nouent et
dénouent toujours le moment psycholo-
gïque; la préface de son livre d'amour
traîne en longueur, il se rappelle cette formule qu'il a vue sur les étiquettes du pharmacien : « agiter avant de s'en servir » ; il
agite, et ce n'est que rassuré sur le résultat
qu'il opère; il a déjà besoin de la griserie
cérébrale, il recherche le mystère et la

commodité, devient gourmet, se pose en connaisseur et forme la femme par des recettes particulières; les hors-d'œuvre sont ce qu'il y a de plus résistant dans ses repas.

Avec ces compromissions, l'homme sur le retour peut encore se faire longtemps des illusions, il appelle à son aide tous les artifices que lui suggère son esprit à la recherche d'un problème dont il voit bien les chiffres, mais dont la solution est au-dessus de ses moyens, il ne voit que des 9 partout, alors que dans sa jeunesse il opérait toujours avec des 6, son arithmétique s'embrouille et la solution en est souvent retardée ou remise au prochain rendez-vous.

Mais, lorsque les neiges et les frimas sont tombés sur ce chef

branlant et qu'il n'a pas désarmé, alors on
voit la plus singulière chasse à courre se
manifester chez ce petit vieux — car il est à
remarquer que ce sont toujours des petits et
des maigres qui restent vicieux sur le tard;
— du soir au matin — car il ne dort pas —
il se demande ce qu'il fera du matin au soir
pour satisfaire ses lubriques passions, il est,
en effet, en possession de la plus cruelle
névrose qu'il soit donné à un être humain
de posséder; il veut absolument la lune
sans pouvoir l'atteindre autrement qu'a-
vec des arguments; tout ce qui lui restait de puissance s'est donné rendez-vous
dans la nuque, il donnerait sa part de
paradis pour trouver un philtre qui dénouât
l'aiguillette que le temps a paralysée; c'est
alors qu'il recourt à toutes les entremet-
teuses que les bas-fonds sociaux recèlent; et,
en vieux renard qu'il est, il promet monts
et merveilles à qui lui fournira de jeunes
poulettes à croquer; les poulettes se trouvent, bien que l'espèce en soit rare, mais
les dents lui manquent pour les croquer,

aussi il les trouve trop dures et se fâche, en voulant pour son argent.

Trop souvent, la même lui est servie sous des plumages différents; alors, berné par tous et par toutes, il s'aperçoit qu'on lui sert souvent de vieilles poules en guise de poulettes, il devient furieux, ne compte plus que sur lui pour explorer les poulaillers non clos, car il ne se sent aucun goût pour l'escalade et la lutte.

Il va ainsi, trotte menu, astiqué de la tête aux pieds, un coup de fer à la perruque, la poitrine ouverte montrant toute une joaillerie, l'air vainqueur, la moustache noircie et les pointes en l'air, un pardessus noisette, un gilet tendre à fleurs, un chapeau gris dernier genre avec guêtres blanches sur souliers vernis; il se sent irrésistible et se promet une chasse fructueuse.

Hélas! notre pauvre diable revient trop souvent sans munition, bien qu'il n'ait pas eu la chance d'apercevoir la plus petite caille à l'horizon, et, à l'encontre de ces chasseurs qui, plutôt que de rentrer bredouilles,

tirent sur des pierrots, notre chasseur brûle
ses munitions sur le gros gibier à plumes et
à poils qui veut bien se laisser mettre en
joue, assuré qu'il est de rentrer au gîte sans
blessure.

Découragé et les jambes lui refusant leur
service, notre névrosé devient cynique, il
va se blottir dans les squares, y épiant
tout ce qui pourra lui donner une griserie
cérébrale : gamine en jupe courte, dont il
aperçoit la peau à la dérobée, fillette satis-
faisant un petit besoin fort naturel, jusqu'à l'enfant de quelques mois que la nourrice présente au ruisseau pour en obtenir
des habitudes de propreté, etc., tout lui
paraît bon.

Mais où notre cynique vieillard fait ses
meilleurs coups, c'est lorsqu'il opère dans
les foules; il se glisse, se faufile avec une
dextérité d'écureuil derrière une jeune fille
affriolante au bras de sa mère, il ne se
risque jamais derrière une jeunesse au bras
d'un homme, il craindrait que ses manœu-
vres ne fussent éventées; il choisit toujours

le type de ses rêves, une fillette à la nuque
folâtre, généralement blonde, il se colle à
ses pas, à son dos, respire ses émanations
comme un braque, se grise de son fumet de
vierge et la souille de sa bave et parfois
d'une autre souillure lorsqu'il le peut sans
donner l'éveil aux voisins ; alors il croit
avoir bien rempli sa journée.

Que de malpropretés semblables se re-
trouvent le lendemain sur des robes d'innocence et quelle stupéfaction pour ces jeunes
filles qui portent cela à leurs mères, lesquelles reconnaissent, sans trop d'hésitation,
la nature de ces déjections, mais qui rou-
gissent si les jeunes filles leur demandent
une explication plausible. —Car enfin, petite
mère, on ne se tache pas par derrière ; en
admettant que ma serviette ait été mal mise
à dîner, je n'ai pas été me renverser du
sirop dans le dos.—La mère confondue se
tait et se jure, mais un peu tard, qu'elle
ne sortira plus dans les foules au bras de sa
fillette.

Enfin, lorsque ces vieux gâteux en arri-

25.

vent à ne plus tenir debout, ils ont encore
des prétentions à satisfaire leurs lubriques
transports; ils recherchent tous ces lupa-
nars de vingtième ordre, dont les vestales
sont d'anciennes filles de trottoir connaissant tous les raffinements du vice : habits
religieux qu'elles endossent dans ces boudoirs empestés de tous les relents de cos-
métiques et de déjections savamment ame-
nées; exhibition de nudités malsaines
fournies par des matrones qui reposent
ainsi leurs filles, entre deux traitements de
la syphilis; ballet de coryphées nues se
roulant dans des poses de cartes transparentes; orgies sans nom dans les annales de
la luxure où la dépravation va chercher
son stimulant dans la fumée des ordures,
seules fleurs que subodorent, paraît-il, ces
misérables gagas; les animaux eux-mêmes
sont appelés à jouer, dans ces saturnales
éhontées, un rôle actif, le jeune veau qui
n'a pas encore ses dents y fait prime, car
il lèche d'instinct, de sa large langue, tout ce
qu'on enduit de lait, de miel ou de farine

salée; ses naseaux eux-mêmes sont une
précieuse ressource pour qui définit simplement l'amour
« un sentiment
de pénétra-
tion ».

Nous sommes
véritablement
écœuré d'avoir
à raconter ici
de si honteuses
turpitudes,
mais le titre de notre livre nous oblige tout
au moins à esquisser ce genre de névrose,
car la dépravation est peut-être le plus puissant facteur des aberrations de l'esprit.

Nous avions écrit ces dernières pages en
latin, mais est-ce notre peu d'habitude de
manier cette langue, nous avons trouvé
que le respect du lecteur y était encore
moins sauvegardé qu'en français. Il est des
gangrènes que nous devons avoir le courage de regarder en face, afin d'y porter
un fer rouge purificateur : faire lire ces

lignes telles qu'elles sont, c'est marquer
d'ignominie tout vicieux qui voudrait s'en
inspirer.

Musique Sénile.

VII

NÉVROSE DU JOUEUR

L était une fois en Crète, un monstre à tête de taureau qui buvait à longs traits le sang de la jeunesse d'Athènes.

Aujourd'hui, tous les vampires mythologiques : minotaures aux cent têtes, Briarées aux cent bras, toutes les hydres de Lerne ne suffiraient pas à nous donner une faible idée de ce qu'est devenue cette immense machine pneumatique qu'on nomme *le jeu.*

Ventouse effrayante qui dévore non seulement la fortune publique mais encore — ce qui est pis — les sources vitales de nos classes dirigeantes, en les vannant à l'âge où la nation serait en droit de compter sur l'altruisme naturel qui les porte à de nobles sacrifices, à des élans d'enthousiasme pour la patrie et pour le monde.

L'exemple part d'en haut et tant que nos jeunes clubmen n'auront pas juré, sur l'honneur du savoir-vivre, qu'ils ne toucheront plus à une carte, ne feront plus un pari, n'exposeront plus un modeste louis au hasard d'un dé, la France ne pourra pas se régénérer, car la gangrène du jeu la dévorera jusque dans ses moelles.

Quel serment, au moins aussi solennel que celui du Jeu de Paume, serait le serment prêté sur l'autel de la patrie par trente mille jeunes hommes qui, le gardénia à la boutonnière, le monocle à l'œil, viendraient, dans le plus élégant costume, jurer sur le

Grand-Livre de la Dette publique, que pas une obole ne serait jouée dans les clubs, pas un pari tenu dans une course avant que la France n'ait liquidé sa dette; et, tous, la main dans la main, se jurant d'employer toute leur intelligence, tout leur bon vouloir, à la solution des grands problèmes sociaux.

Du haut en bas de l'échelle sociale on verrait la mode des dévouements s'étendre et gagner les échelons inférieurs avec la rapidité contagieuse des grandes résolutions pour un noble but compris des foules.

Il suffirait de la grande influence de la presse pour que cela fût décrété de suprême bon ton, et chacun voudrait surpasser son voisin dans son rigorisme d'homme impeccable.

Serait-ce donc un si grand sacrifice ?

Autrefois nos pères, dans une guerre sainte, offraient généreusement leur sang pour la patrie et nos mères apportaient jusqu'à leurs derniers bijoux pour l'entretien des armées !

Aujourd'hui, que demandons-nous ? rien !

Si, nous demandons un grand sacrifice, nous en convenons, nous demandons le sacrifice d'une passion, ce qui est pis souvent que de donner son sang dans les hasards d'un combat, mais pourtant ce sacrifice n'est pas au-dessus de notre viril courage, il suffirait de décréter tout joueur d'infamie et d'afficher son nom sur tous nos boulevards, pour que demain ce sacrifice s'accomplisse.

Riez, causez, courez même, folle jeunesse, dépensez votre exubérance en de fines parties où l'esprit présidera toujours en maître ; ce faisant, vous resterez Français ; distrayez-vous même en de nobles parties où la réflexion sera votre meilleur atout ; il vous reste cent jeux autres que les cartes pour occuper vos loisirs ; vous avez le noble jeu d'échecs, le roi de tous les jeux, qui se suffit à lui-même sans qu'il soit nécessaire d'intéresser la partie ; vous avez les dames, le tric-trac, le billard si utile par l'exercice

'qu'il donne ; vous avez même de très intéressants jeux de cartes qui suffisent largement
à vous distraire si vous voulez absolument
tuer le temps autrement qu'avec ce stupide
jeu de baccarat ou de lansquenet, vous avez
le whist, le piquet, l'impériale, que sais-je ?
Il y a tant de manières de s'occuper, qu'on
n'a que l'embarras du choix, mais qu'il soit
de règle que toute somme gagnée sera mise
en cagnotte pour un but déterminé. De la
sorte, on n'aura pas cet enfièvrement du
gain ou de la perte qui décompose le moral
d'un homme en une nuit, au point d'en
faire quelquefois un *grec*.

Un jour, c'était en 1836, un brave homme
aux vues courtes, du nom d'Eusèbe Salverte,
faisant partie de la Chambre, monta grave-
ment à la tribune pour y dénoncer Carthage sous les anodines réalités du *trente
et quarante*. Frascati était déclaré l'*ennemi
public*.

Sur la parole indignée de ce tribun aux
petits pieds, la roulette qui était alors une
soupape de sûreté réglant et tempérant les

passions du jeu, sous la paternelle surveillance de l'Etat, fut arrêtée, brûlée et ses
cendres dispersées aux quatre coins du
monde.

On décrète une loi, mais on n'enraye
jamais une passion par un vote ; on ne
joua plus en France, mais on joua à l'étranger, nos capitaux franchirent la frontière et
ne revinrent plus : on n'en joua pas moins.

Bientôt, l'éloignement aidant, on tourna
la difficulté et puisque la roulette était
fermée on jouerait aux cartes, aux courses,
en bourse, partout et sous toutes les formes.

Aujourd'hui la France n'est plus qu'un
immense tripot où les fortunes s'englou-
tissent et se déplacent en s'encanaillant, car
il est à remarquer qu'il n'y a que ceux qui
corrigent la fortune qui ne perdent jamais ;
or, cette catégorie de grecs ou de juifs
n'est pas la plus intéressante de l'humanité.

Nous tracerions bien ici le portrait d'un
joueur névrosé, mais le type étant banal,
nous croyons avoir mieux fait de tracer la

passion du jeu que celle du joueur qui
passe ses nuits dehors, se brûle le sang en
attendant qu'il se brûle la cervelle.

VIII

NÉVROSE DIATHÉSIQUE ET CONGÉNITALE

OUS avons en médecine une certaine tendance à excuser les fautes du prochain et même à innocenter les criminels lorsque le mobile du crime n'est pas absolument démontré; du reste, la culpabilité a des degrés dont il est juste de tenir compte.

Il est certain que, si je tue un homme qui m'attaque, j'aurai pour excuse le cas de légitime défense et mon acquittement sera certain.

Il existe donc, pour les crimes comme pour les fautes, des circonstances atténuantes qui doivent entrer en ligne de compte dans la balance, de la justice ou dans l'indulgence du prochain.

Une des causes les plus légitimes dans cet ordre d'idées, est sans contredit la constitution elle-même, la mauvaise santé du corps qui déterminent l'impulsion vers la faute sans que la conscience soit suffisamment armée pour résister à l'exécution d'un acte coupable.

Dans tout névrosé, il nous faut voir un malade, qui doit être soigné et guéri pour être entièrement responsable de ses actes.

Que la Société soit armée contre les torts qu'on peut commettre à son endroit, rien de mieux et rien de plus légitime, mais les maisons de santé, ouvertes ou fermées, sont là pour sauvegarder les intérêts de tous, la prison ne doit se refermer que sur les coupables non encore malades.

Il est assez juste qu'on ne soit responsable que de ses propres fautes. Or, en naissant, l'enfant reçoit de ses parents directs un mélange de tares et de vertus dont il n'a pas conscience; tant mieux si ce sont les vertus qui l'emportent, mais quelquefois ce sont les tares qui dominent et dans ce cas, au lieu d'être un parfait honnête homme qui se laisse doucement glisser sur la pente des brillantes destinées de la vie, vous aurez un névrosé

qui gaspillera lestement sa légitime, et, mal
armé pour le reste de ses jours, il s'accro-
chera sans cesse aux aspérités de l'existence,
il en portera la peine quoi qu'il fasse, car
il est des gens qui, comme les chats,
retombent toujours sur leurs pattes, alors
qu'il en est d'autres, prédestinés au malheur, qui se casseront une jambe en faisant
une aumône ou se noieront en repêchant
un poulet.

Sans parler ici de la richesse et de la
pauvreté, de la noblesse et de la roture, je
prends deux types dans le même milieu,
j'en fais deux égaux à tous les points de
vue sociaux, mais l'un naît de parents sains,
robustes, sobres et moraux ; l'autre naîtra
d'une mère hystérique, d'un père ivrogne,
il aura sous les yeux de mauvais exemples,
de mauvais conseils et, dans le sang, des
principes âcres de goutte ou de syphilis,
quelquefois les deux.

Or, on pressent la destinée différente de
ces deux êtres dont l'un aura reçu tous les
dons les plus rares et les plus nobales, lors

que l'autre n'aura reçu en partage que les
germes des plus mauvais instincts. Si le
premier, avec ses heureuses dispositions,
devenait criminel, il serait certainement
sans excuse aux yeux du monde ; quant
au second, s'il parvenait à une honnête
moyenne de vertu, ne mériterait-il pas
l'estime de ses concitoyens ?,

Voici un jeune homme qui est né dans
un milieu déplorable, il a eu dans son enfance des convulsions qui ont laissé dans
son cerveau les stigmates d'une incoordi-
nation manifeste de la raison, il ne dis-
cerne pas très bien les subtilités de la logique, il a comme une calotte de plomb
sur ses lobes cérébraux ; la mémoire lui
fait défaut et les nuances d'une saine morale glissent sans pénétrer son esprit.

L'âge de la formation arrive, il grandit,
souffre, est pris de douleurs vagues, de
trémulations dans les membres ; bientôt
tous ces accidents disparaissent, mais ses
idées deviennent sombres ; on sent qu'un
malaise se passe derrière ses yeux, une

crise couve dans ses hémisphères cérébraux,
bientôt elle éclate avec violence sous forme
d'épilepsie, il se tord, il écume, il s'endort.

A son réveil il a un peu de torpeur cérébrale, mais qui disparaît au grand air; il se
sent soulagé, il a perdu son âcreté, il re-
devient gai, l'orage est passé, un voile s'est
déchiré par un effort de la nature, il a pu
se débarrasser d'un principe morbide qui
faussait ses facultés intellectuelles, sa crise
a été salutaire, et c'est le cœur léger qu'il
se reprend à vivre, tout lui sourit, il se sent
bon, il a conscience de lui, il commence
à aimer avec l'exubérance de ses vingt ans.

Mais la fatale influence de sa naissance
vient bientôt reprendre ses droits, il se sent
découragé, triste, sombre même, il regarde
autour de lui d'un œil d'envie ceux qui se
portent bien, sa torpeur cérébrale reparaît,
un feu sombre couve de nouveau derrière
son front, son sommeil est agité, il a des
cauchemars, il tombe d'étage en étage dans
ses rêves et se réveille en sursaut, l'œil
hagard, il est couvert d'une sueur profuse

et visqueuse, il sent qu'il perd la conscience
de ses actes, il est dominé par une force
impulsive qui le dirige, il attend la crise
finale qui va le faire rouler la bouche écu-
mante, mais il sait qu'après cette crise,
c'est le salut momentané, la reprise de
ses sens et de son *moi;* il sent déjà les vertiges qui lui causent des lacunes, des trous
dans la raison, mais la grande crise ne se
manifestera pas cette fois, il subit seulement ce qu'on nomme le petit mal ou
épilepsie larvée; il est pris d'une fureur *impulsive* qui le pousse à commettre un acte.
— Lequel ? — il n'en sait rien : il va sous
une impulsion irrésistible faire un sauvetage ou un crime, il n'a plus sa conscience
et devient un héros ou un criminel, au
hasard de ce qui se présente à lui dans ce
moment de trouble.

Parfois la raison reparaît au moment où
il accomplit son acte et il se trouve fort
étonné de tenir les naseaux d'un cheval
furieux qu'il vient d'arrêter, ou de voir
ses mains autour du cou d'une jeune fille

qui se débat sous son étreinte en criant au secours.

Ce malheureux inconscient sera-t-il coupable aux yeux des hommes ?

Nous ne le pensons pas.

On objectera qu'on doit pouvoir se préserver de ces fous qui, sans conscience, vous tirent un coup de pistolet dans la tête, sans vous avoir jamais vu et sans aucun motif. En effet, le public paie assez d'impôts pour que sa sécurité soit effective et complète, il doit être protégé contre ces névroses impulsives dans la mesure du possible, mais la chose ne nous paraît pas aussi facile qu'elle est désirable.

Dans l'espèce, nous n'avons pas affaire à un fou, du moins il ne l'est que temporairement, nous pourrions même dire *fugacement*, car ce n'est souvent qu'un éclair qui passe dans toute la vie de cet homme, éclair qu'on ne peut pas prévoir la veille et dont le retour peut ne jamais avoir lieu ; il serait donc cruel de tenir cet être sous les verrous pendant toute sa vie sous pré-

texte d'un retour possible de ses vertiges,
car ce n'est pas l'épilepsie elle-même qui
est dangereuse, c'est la transformation de
celle-ci en névrose impulsive; dans l'épilepsie vraie, la crise se manifeste au dehors,
la névrose fait éruption, tandis que, lorsqu'elle n'éclate pas sous forme convulsive,
elle bouillonne dans le cerveau comme une
toupie ronflante, renversant tous les pôles
de la pensée, de la logique et de la raison,
pour ne produire qu'une cacophonie in-
sensée, que des actes stupéfiants ou des
crimes incompris.

Ce pauvre diable aurait pu tout aussi bien
devenir un poète ou un grand homme de
guerre si son délire impulsif s'était tourné
vers la rêverie ou les grandes tueries, car il
lui manquait seulement cette pondération
moyenne qui n'engendre que les petites
vertus et les petits devoirs.

Heureux ceux qui sont nés de parents
sains, mille fois heureux ceux qui n'ont pas
dans le sang le ferment des névroses, car
l'éducation, la morale et la religion nous

paraissent impuissantes à triompher d'un principe latent, qui n'attend, pour éclater, qu'une occasion fortuite ou le hasard d'un coup de vent.

26.

IX

NÉVROSE LAÏQUE

LA FOI — L'ESPÉRANCE — LA CHARITÉ

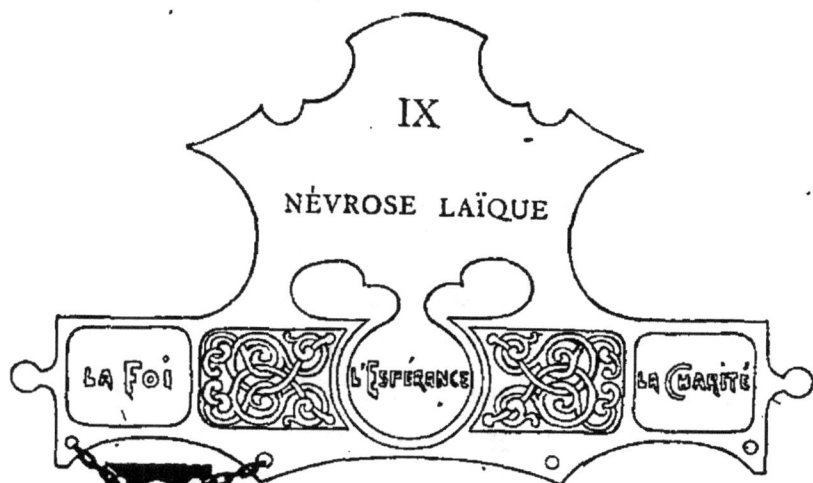

I L en est des peuples comme des gens : dans l'extrême jeunesse on a la folie des coups de tête, l'insouciance du lendemain et les plus graves sujets finissent toujours par des chansons.

Dans l'âge viril on est à tout et à tous, c'est un échange de bons procédés, on a la nostalgie du sacrifice et des grandes choses ;

on a besoin d'expansion, on protège volontiers les faibles et l'on se bat pour une idée.

Dans l'âge mûr, on devient circonspect, on prend ses mesures et du ventre, on se cantonne dans son chez-soi, l'égoïsme montre le bout de l'oreille, on aime les siens, on devient conservateur et l'on ne croit plus aux grandes utopies.

Après l'âge du retour, l'égoïsme se dessine franchement, l'on pense beaucoup à soi, un peu aux autres, on reçoit des services, on en rend peu ou le moins possible ; l'indifférence s'accentue, l'on voit tout en noir, l'on devient méfiant, grincheux, taquin, on déteste le bruit qu'on ne fait pas et les coups d'encensoir donnés à autrui.

Bien que notre état social ne soit pas encore arrivé à son déclin, nous ne sommes cependant plus à son point culminant, nous redescendons vers la vallée de misère avec le vertige que donne la crainte d'une chute possible ; nous regardons en arrière avec le secret espoir de remonter la pente de la fortune, mais nous avons une peur effroyable du précipice qu'on entrevoit partout.

Or, qui a peur perd une partie de ses moyens, la plus-value d'un peuple étant toujours directement proportionnelle à sa confiance, celle-ci nous manque, nous cherchons autour de nous qui nous tendra la perche et nous n'apercevons pas le plus fragile roseau sur lequel nous puissions compter; nous avons des allures de gens qui suivent un corbillard, on ne chante plus, du moins le chant n'est plus national, on chante dans les endroits retirés comme les gens qui ont peur et qui se donnent du courage en parlant fort. Nous avons un crêpe sur l'âme depuis dix-neuf ans et notre large rire Rabelaisien, qui s'était fait sourire après nos désastres, tend à se faire grimace. Nos idées humanitaires se tempèrent d'une pointe d'égoïsme et notre gaîté gauloise disparaît devant notre incertitude du lendemain.

Ce qu'il y a de certain, c'est que notre

caractère national tend à se transformer. Est-ce un bien ? Est-ce un mal ? Peut-être n'est-ce qu'une période de transition. fatale.

Hier, nous avions la foi, l'espérance et la charité ; à l'aide de ces trois vertus théologales révélées, nous possédions l'insouciance du lendemain et nous gardions notre naturel enjoué.

Aujourd'hui, il ne nous reste plus que le scepticisme, la désespérance et l'égoïsme, étayés sur la science raisonnée ; nous étions crédules, naïfs et confiants, nous devenons raisonneurs, ergoteurs et pédants.

On nous montrait un Dieu partout, maintenant nous cherchons l'*architecte* des mondes avec nos télescopes et nos microscopes, et, ne trouvant rien, nous affirmons le néant désenchanteur ; la foi qui nous soutenait faisant défaut, nous tombons, de notre olympe aux sept ciels, dans un cul de basse fosse où grouille l'infecte matière en décomposition.

Voilà la grande cause de notre désespérance et la genèse de nos mortels ennuis.

Nous avions un ressort — la foi révélée — qui faisait marcher notre machine sociale tant bien que mal, plutôt bien que mal ; aujourd'hui ce ressort nous manque, toutes les issues nous sont fermées, nous sommes en cage, vraie bastille moderne, sans évasion possible ; nous comptons nos jours de captivité par l'altération de nos tissus et le jour de l'arrêt final est là sur nos têtes sans l'espérance d'une commutation de corps.

Nos astronomes ont exploré le ciel dans toutes les directions et, parce qu'ils n'ont pas trouvé le séjour des élus au bout de leurs lorgnettes, ils en concluent qu'il n'y a pas de récompenses futures, et, partant, pas d'âmes possibles puisqu'on ne trouve aucun refuge pour les y loger. Le raisonnement est pour le moins spécieux, car ce ne sont pas les casernes qui manquent dans l'empire céleste et rien ne nous prouve que la migration de nos âmes ne se fait pas d'étape en étape, comme on passe d'un

grade à un autre dans l'armée, en changeant
de corps et de garnison.

Entre le soldat et le maréchal, il n'y a
que dix grades à franchir; pour ne parler
que de notre système planétaire, entre
Neptune et le Soleil, nous n'avons pas
moins de garnisons à tenir, et, pour peu
que nous prenions Neptune pour caserne
du simple soldat, autrement dit, pour
l'enfer de l'humanité, loin du Soleil et de
ses rayons, nous devons nous consoler de
notre élévation, car nous n'avons plus que
Vénus et Mercure à franchir pour nous rapprocher de l'éternelle lumière, notre paradis
futur. Et qui sait? peut-être n'est-ce là
encore qu'une étape à travers tant de
milliards de soleils dont les habitacles
peuvent être bien plus séduisants.

Nous croyons donc que les peuples
comme les gens ont besoin d'une croyance
en la vie future; et, comme le disait si spiri-
tuellement Voltaire « si Dieu n'existait pas,
il faudrait l'inventer »; nous avons besoin
de foi dans l'éternité, c'est un moyen de

gouvernement pour les peuples et une immense consolation pour les gens, il est au moins aussi maladroit de détruire une croyance qu'un édifice utile, si on n'a pas le plan préalable d'une reconstruction plus logique et plus appropriée aux besoins modernes; 93 avait inventé la *déesse Raison*, ses fêtes et ses réjouissances, cela ne suffit pas à faire notre bonheur et la pauvre déesse fut reléguée au grenier des vieilles lunes.

Toute religion trop *raisonnable* dans ses principes n'a pas la somme d'idéalité nécessaire pour étancher notre soif de l'*au delà*; mieux vaut encore un Dieu de convention qu'une doctrine de négation qui nous place en face du néant et de son accablante perspective.

De ces fautes gouvernementales découlent nos maux présents : tristesse, découragement, indifférence, ennui profond, misanthropie, égoïsme brutal, dénigrement systématique de tout ce qui n'est pas soi; envie, basse jalousie, avide cupidité et soif

de jouissances bestiales et malsaines ; voilà
le bilan que nous rapportent nos institutions
laïques, gratuites et obligatoires sous couleur
de liberté.

Avis à nos petits législateurs modernes.

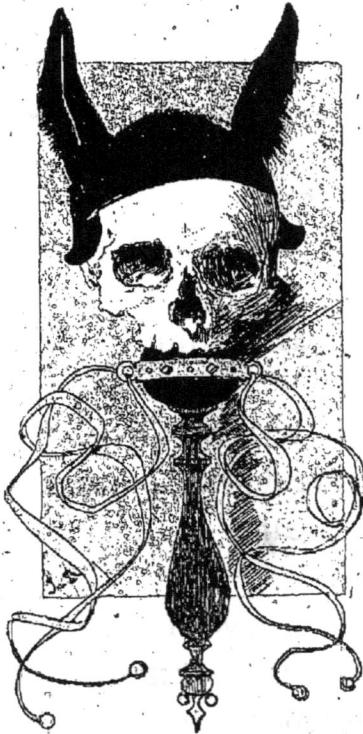

27

X

la fin du siècle dernier, le magnétisme fut en grand honneur, le Dr Mesmer fit courir le *Tout-Paris* d'alors, y compris la cour et la reine, s'il vous plaît.

Notre sympathique Alexandre Dumas, premier du nom, nous retraça d'une façon charmante, dans *Joseph Balsamo*, l'engouement de l'époque pour une doctrine aussi nouvelle que fantastique.

Depuis, le magnétisme était tombé dans l'oubli, nous dirons même dans le mépris public, tant ses apôtres avaient mal compris les idées du Maître. De Puységur avait rencontré par hasard le somnambulisme chez un de ses sujets et avait cru naïvement avoir trouvé le secret de longue vie et bien d'autres choses encore. Bientôt le véritable magnétisme fut délaissé, on courut après la double vue, si fugace, si rare, si incertaine, ce qui ouvrit largement la porte aux flibustiers de tous genres qui se firent des rentes avec la crédulité publique.

Aujourd'hui, la doctrine de Puységur roule les foires en compagnie des saltimbanques et des jongleurs; laissons-la dans son milieu, c'est sa seule place.

Mais la doctrine magnétique, au contraire, semble sortir victorieuse des scories auxquelles elle s'est trouvée mêlée et incorporée, pour apparaître dans toute la majesté d'une vérité clairement démontrée.

Cela ne s'est pas fait en un jour, de hardis et d'honnêtes pionniers comme Deleuze, du Potet, Dr Charpignon, Lafontaine, se sont exclusivement consacrés à la pro-

pagation des dogmes fondamentaux de la
doctrine Mesmérienne, par la pratique et la
théorie ; mais que d'ivraie parmi ce bon
grain, que de saltimbanques se sont re-
vêtus de titres pompeux pour éblouir ce
bon public et enseigner *ex cathedra* la doctrine en six leçons, guérir tous les malades
et toutes les maladies à l'aide de quelques
passes, sans avoir la moindre notion de la
grande vérité ; que d'abus ont été commis,
que de vaniteux personnages qui se sont dé-
corés du titre de professeur alors qu'ils étaient
complètement illettrés et devenaient le
jouet de leurs sujets !

La science officielle n'aurait pu raisonnablement ramasser le magnétisme,
même avec des pincettes, des bas-fonds
où il était tombé ; et, en spirituelle personne qu'elle est, elle s'est empressée de le
débaptiser bien vite pour l'adopter.

Le voilà maintenant connu sous le nom
« d'hypnotisme » ; c'est un nom transi-
toire, nous l'espérons du moins, jusqu'au
jour où il aura grandi, fait ses dents et qu'il

aura été classé parmi les agents thérapeutiques les moins contestés, car il mérite à tous égards de figurer en tête de la formule : « *Similia similibus curantur* » que revendiquent les homœopathes avec moins de raison, alors il reprendra son vrai nom.

Nous nous occupons de cette question magnétique depuis bientôt trente-cinq ans et nous sommes heureux d'avoir eu pour initiateur l'honorable baron du Potet qui maintint haut et ferme la doctrine pure de Mesmer, à l'exclusion des sauvageons qui se sont greffés sur elle bien malgré lui, mais presque sous son égide.

Le magnétisme, c'est-à-dire la puissance morale de l'homme sur son semblable, est incontestable[1], nous en voyons tous les jours des exemples dans nos relations sociales ; ici, c'est une force morale com-

---

[1] Du 21 au 27 octobre prochain, un congrès magnétique international siégera à Paris où seront étudiées les applications du magnétisme humain au seul point de vue du soulagement et de la guérison des malades. Pour tous les renseignements, s'adresser à M. l'abbé de Meissas, 66, rue Condorcet.

mandant aux masses ; là, c'est une rayon-
nante santé qui fait plaisir à sentir près de
soi ; ici comme là, c'est bien du magnétisme, c'est-à-dire de la grandeur d'âme,
de la droiture, de la bonté, de la santé qui
s'infusent et pénètrent chez ceux qui sont
moins bien partagés ; en un mot, c'est la
grande loi de Newton sur *les corps qui se*
mettent toujours en harmonie avec leur milieu.

Mais comme on sent qu'il y a loin entre
la définition de ce magnétisme-là et les pratiques modernes de l'hypnotisme, cet agent
brutal qui stupéfie la raison par un ébranlement de tout le système nerveux, jusqu'à
annihiler *le moi* en plongeant le sujet dans
une affreuse suggestion.

Pourquoi porter un tel trouble dans un
organisme déjà fort troublé ? Pourquoi dominer brutalement un être alors qu'il est
si facile d'apporter le calme en ses nerfs
révoltés ?

La théorie médicale actuelle est celle-ci :
il n'y a pas de maladie sans lésion.

Le vitalisme répond : avant la lésion, il

y a eu d'abord un trouble nerveux qui, par
sa suractivité ou son retrait, a certainement été la cause première de la lésion.
Donc! supprimez le trouble en soustrayant
ou en ajoutant l'influx nerveux et dès lors,
ayant supprimé la cause première, la lésion
ne se manifestera pas, ou, si elle se manifeste, soyez assuré que la nature, en bonne
mère, réparera le désordre.

Donc! additionner, soustraire, équilibrer,
toute la thérapeutique magnétique est là [1].

Qu'à donc de commun cette doctrine
magnétique si simple, si sage, si prudente
et si efficace avec nos procédés d'hypnotisme officiel, consistant à faire loucher
les gens des deux yeux, en fixant un objet
brillant jusqu'à l'épuisement nerveux, provoquant ainsi la catalepsie, premier pas
vers d'autres évolutions maladives, en passant par l'extase, le coma et le délire som-
nambulique?

Cela nous semble le pavé de l'ours

---

[1] Définition du magnétisme, par le Dr Huguet (de Vars),
Homœodynamie.

écrasant le cerveau sous prétexte de le guérir de la migraine. Et l'on enseigne cette doctrine dans nos hôpitaux !

Il ne suffit pas que nous ayons des milliers de névroses de causes diverses, il faut encore que nous en fabriquions de toutes pièces avec l'estampille de la Faculté.

Pour Dieu, messieurs les professeurs d'hypnotisme, remplacez votre bouchon de carafe par vos deux yeux, il y aura beaucoup plus de symétrie dans les rayons visuels de vos martyrs, animez-les d'un regard bienveillant et doux, vous amènerez le sommeil tranquille qui sera cette fois votre première phase d'action ; et si, par ces procédés plus conformes à la vérité magnétique, vous trouvez moins de sujets sensibles, consolez-vous-en, c'est qu'ils ne sont pas aussi détraqués que vous le pensiez et rangez-les alors dans la catégorie des convalescents, sans les plonger dans celle des incurables.

Faites le moins d'expériences possible, la galerie et votre amour-propre de dompteurs y perdront peut-être, mais vos hallu-

cinés y gagneront la tranquillité et souvent
la santé. Et, en fait de transfert d'hypé-
resthésie chez le sujet, faites un transfert de
vos forces, de votre équilibre et de votre
santé au bénéfice de votre malade, l'humanité y gagnera ce que vous y perdrez en
réputation... tapageuse.

27.

XI

MORPHINOMANIE

N a beaucoup écrit sur la morphinomanie, mais je pense qu'il reste encore à dire bien des choses, entre autres : les indications simples, claires et précises sur l'emploi de la morphine, son utilité et ses dangers.

Les rasoirs qui servent si utilement pour

se raser et *raser* les autres, peuvent aussi servir à se couper la gorge et à couper celle du prochain ; on ne songe cependant pas à les prohiber sous prétexte d'un danger public. Il en est de même de la morphine.

Il est parfaitement logique d'ouvrir son parapluie lorsqu'il pleut ; si l'on n'est pas entièrement garanti, on se préserve tout au moins un peu de l'averse qui tombe.

De même, lorsqu'on a des douleurs vives, intolérables, lorsqu'elles ont une certaine durée, quel que soit le genre de mal, on peut en diminuer considérablement l'importance et les rendre très supportables en se faisant faire une simple piqûre de morphine dont les effets restent sensibles pendant trente heures au moins ; et, dès que le mal reparaît, rien n'empêche de recourir au même moyen qui reste toujours efficace; il a même pour caractère clinique d'agir en raison directe de l'acuité de la douleur.

C'est·là une excellente manière de se

préserver des conséquences désastreuses de
la douleur sur le système nerveux ; c'est
donc une absolue bêtise que de supporter
héroïquement son mal, alors qu'on peut
l'éloigner à si peu de frais.

Quel prétexte invoquera-t-on pour re-
fuser une intervention aussi merveilleuse
que rapide ?

Doit-on craindre de s'habituer à la morphine et de s'en faire une nécessité ? Pas
plus qu'on ne s'habitue à ouvrir son parapluie par un temps sec ; c'est ici une
simple question d'opportunité.

Tous les médecins savent que, sur mille
clients qu'ils piqueront utilement, neuf
cent quatre-vingt-dix-neuf demanderont à
cesser la morphine dès que la douleur deviendra tolérable, et le dernier de la série
ne continuera ses injections qu'autant que
la maladie aura une queue désagréable à
supporter.

Quels sont donc les inconvénients directs
de la morphine lorsque ses indications sont
précises ? Oh ! cela se borne à très peu de

chose, souvent même à rien du tout, c'est à peine si l'on remarque un peu moins d'appétit à la longue, un peu de constipation et une lourdeur de tête; mais qu'est-ce en raison des avantages merveilleux qu'elle procure? Le mal n'en suit pas-moins son cours sans être retardé d'une minute, et, la crise passée, il ne reste pas cet horrible ébranlement nerveux que détermine toujours une douleur vive longtemps supportée. Donc il y a tout avantage à recourir aux piqûres de morphine.

Nous venons de faire voir les avantages de la morphine; voyons ses inconvénients :

Nous avons dit que la morphine agissait en raison directe de l'acuité du mal, or, toute douleur qui est supportable se calme mieux par l'aconit et par la belladone que par la morphine; ces agents sont donc indiqués de préférence, surtout parce qu'on ne les continue pas au delà d'une nécessité démontrée, vu qu'ils n'ont pas pour eux cette griserie vaporeuse qui fait l'attrait de l'opium.

Mais si l'on donne la morphine contre ces
petites douleurs supporta-
bles, surtout si ces malades
sont des femmes,
le danger de-
vient grave
en raison
même de
la faiblesse
morale des
sujets qui,

ayant bu à la coupe de la volupté produite par la morphine, voudront se replonger dans cette ébriété convenant si bien à leur nature exaltée.

En effet, les hallucinations produites par l'opium, mais surtout par la morphine, un de ses sels, sont tellement agréables et berçantes, qu'il y a là un véritable danger ; l'on continue volontiers à user de ce qui vous transporte dans des régions jusqu'alors ignorées, peuplées de chimériques voluptés dont on ressent les bienfaits sans en avoir les ennuis.

Dès que la morphine est injectée sous la peau, la douleur cesse deux minutes après, bientôt il se produit une détente générale, et, si l'on ferme les yeux dans un endroit tranquille, il se produit au cerveau des montées de vagues vaporeuses qui vous bercent mollement avec des sensations de légèreté ; le corps paraît s'envoler dans des régions éthérées où tout est harmonie, susurrements et visions fantastiques. Mais le propre de l'opium, c'est qu'il permet de

conserver sa conscience et la direction de
son esprit, le rêve a sa logique, ce n'est
plus comme le songe naturel qui est hybride,
insensé, sans coordination ; le rêve de la
morphine est *voulu*, c'est une griserie qu'on
dirige à sa guise sur tel ou tel point, sur
tel ou tel objet ; on évoque une idée,
celle-ci s'habille aussitôt des plus riantes
couleurs ; elle va, vient, se déroule dans ses
phases logiques avec la netteté d'une page
écrite ; on poursuit son idée jusqu'aux conséquences les plus inattendues, on saute les
précipices, sachant bien que la chute sera
lente ou vive au gré de la volonté ; on a
la sensation d'ailes qui vous retiennent ou
de parachutes qui vous bercent ; le sol lui-
même sur lequel on tombe devient édre-
don ou pétales de roses au gré de l'évo-
cation. Vous montez avec la même facilité,
vous pénétrez avec cette clé d'or de l'imagination qui ouvre tous les sanctuaires ; en
un mot, votre rêve est bien ce que vous le
faites, il dépend beaucoup de vos aptitudes
créatrices à l'état de veille ; c'est ainsi que

la cuisinière
évoquera ses
sauces, tandis
que le poète vi-
sitera les em-
pyrées enfantés
par son cer-
veau.

Mais, où le
danger devient
grand, c'est
qu'à l'état de
veille, si vous
avez une diffi-
culté de conce-
voir, si vous
avez un voile
sur vos facultés
ou une lenteur
d'esprit pour
bâtir un beau
rêve, rien de
semblable
n'existe dans la somnolence de la morphine,

tous les voiles se déchirent et le cerveau
acquiert toutes les envolées dont il est
susceptible, il arrive d'un coup, sans effort,
à son summum d'expansion ; et il devient
vraiment commode d'avoir beaucoup d'esprit dans le rêve, même à celui qui en a
peu à l'état de veille. Là est le vrai danger car trop facilement on quitte la
réalité pour le rêve, le terre à terre de la
vie pour l'idéal.

C'est pourquoi la femme est beaucoup
plus disposée à la morphinomanie que ne
l'est l'homme, beaucoup plus positif, beaucoup moins enclin aux rêveries. Il y a,
d'après les statistiques les mieux faites,
cent femmes morphinomanes pour un
homme atteint de ce vice ; c'est montrer
tout à la fois la faiblesse du cerveau fémi-
nin et la tournure de ses aspirations.

Quant au danger de ces rêveries pour
l'avenir du sujet qui s'y livre, on conçoit
qu'il soit réel pour qui ne sait pas s'arrêter
à temps ; le corps s'accoutume assez vite
aux petites doses, il faut les augmenter

rapidement pour obtenir la béatitude désirée
et, c'est ainsi qu'on s'empoisonne progressivement; on arrive vite aux doses énormes :
un gramme par jour et plus, on augmente
encore et l'on rapproche l'heure des piqûres,
c'est alors que le morphinomane est perdu
sans espoir de guérison possible, à moins
d'un véritable miracle de volonté permettant l'administration de doses décroissantes,
mais j'avoue n'en avoir jamais rencontré
dans ma pratique médicale qui ait eu ce
courage. C'est donc un terrain glissant sur
lequel nous engageons nos lecteurs et surtout nos lectrices à ne pas mettre le pied en
dehors d'une nécessité démontrée et toujours temporaire, à moins toutefois qu'il
ne s'agisse de maladies organiques incurables, auxquels cas tout est permis.

Mais pour ceux qui voudraient étudier
les effets singuliers de la griserie du rêve,
nous leur conseillons l'injection d'une
solution de Haschisch beaucoup moins
brutale dans ses effets hypnotiques que
l'injection de morphine, d'une durée moins

longue, il est vrai, mais d'une rêverie plus joyeuse encore, à la condition toutefois qu'aucun médecin n'en délivrera la formule à son curieux client et qu'il ne répétera pas l'expérience dans le même mois ; c'est à cette condition seulement que le haschisch est sans danger pour les centres nerveux ; mais, de même que pour la morphine il faut craindre de rencontrer des esprits faibles qui ne sauront plus se passer du précieux stimulant de leurs facultés cérébrales.

Tout auteur qui écrirait sous l'influence de cette curieuse préparation, serait fort étonné le lendemain de la nouvelle tournure de son esprit en relisant de sang-froid ce qu'il a produit dans son rêve, car on peut aller et venir, penser et agir. C'est ainsi, dit-on, qu'Edgar Poë écrivait ses contes fantastiques ; il en a trop abusé puisqu'il en est mort. Mais combien d'auteurs voudraient passer à la postérité, même à ce prix.

Nous ne parlerons pas des autres griseries cérébrales qu'on peut se procurer par l'influence de diverses inhalations.

Notre cerveau s'échappe déjà trop volontiers de sa prison pour que nous lui en
facilitions l'occasion par des indications in-
discrètes qui seraient trop facilement suivies.

QUATRIÈME PARTIE

TRAITEMENT

I

DE L'HYGIÈNE ET DE SON INFLUENCE

L y a deux sortes de malades : ceux qui ne croient pas du tout à la médecine et ceux qui y croient trop ; la juste mesure est rarement gardée.

Ceux qui ne croient pas à la médecine sont généralement

sceptiques en toutes choses; ce sont presque toujours des orgueilleux qui ne jugent les questions que par leurs petits côtés; ils ne croiront pas en Dieu parce qu'un prêtre aura fait une faute, ni à la médecine parce qu'un médecin se sera trompé; *errare humanum est*, pourrions-nous leur répondre, il ne s'ensuit pas qu'une doctrine soit fausse parce qu'un de ses représentants s'est oublié.

D'autre part, ceux qui croient trop à la médecine se préparent de grandes désillusions; on peut seconder la nature, favoriser une crise salutaire, calmer la douleur, mais la médecine a des bornes qu'elle ne peut franchir, elle s'en console assez bien en remplissant ses devoirs dans la mesure de ses attributions qui sont : de guérir quelquefois, de soulager souvent, de consoler toujours.

Il est des remèdes courants qui correspondent à des symptômes fort connus; les médecins s'en servent avec le plus grand succès, pour le plus grand bien de leurs malades ; mais, à côté de ces symptômes bénins qui gravitent autour d'une maladie et contre lesquels nous sommes armés, il est des conseils généraux s'adressant à la santé générale qu'on ne peut puiser que dans l'hygiène, cette branche si importante de la médecine, qui fait à elle seule plus de cures que toutes les drogues dont nous disposons.

Cette vérité est tellement démontrée que nous pourrions dire qu'on peut estimer l'âge ou la pratique d'un médecin en raison directe des conseils d'hygiène qu'il donne et en raison inverse des remèdes actifs qu'il prescrit.

En ce qui concerne les névroses, seule question que nous voulions traiter ici, l'hygiène joue un rôle capital qu'il est facile de démontrer.

On conçoit très bien qu'il est des causes qu'il faut absolument supprimer si l'on veut faire disparaître leurs effets : un tel passe ses nuits au cercle, dans la fièvre du jeu, au sein d'une atmosphère viciée, fume

28

et boit pour faire comme tout le monde ;
or, la pharmacopée la plus intelligente
serait-elle prescrite contre la névrose engendrée par ces excès, qu'elle resterait sans
résultat sur les nerfs d'un tel impénitent.

Il faut tout d'abord le soustraire à son
milieu délétère, le transporter sur un point
diamétralement opposé, lui redonner ses
nuits calmes, supprimer les émotions du
jeu et lui prescrire l'exercice au grand air ;
à la bienfaisante lumière du soleil, lui faire
faire des ablutions froides et lui recom-
mander la sobriété la plus stricte entre les
repas.

Avec cette prescription il pourra se passer
facilement de toutes les médications et sa
cure sera certaine.

Si au contraire notre client persiste à
vivre dans son milieu, à ne rien changer
à ses habitudes, il n'est pas une seule médication qui réussisse à remplacer le sommeil,
le calme et l'air dont il a besoin ; tenter
une cure dans ces conditions, c'est vouloir
l'impossible, et le médecin qui l'entrepren-

drait serait insensé ou coupable de faiblesse, car on pourrait lui dire qu'il ne flatte les goûts de son client que pour conserver sa clientèle.

Il est d'autres névroses dont l'origine est moins nette que dans l'exposition ci-dessus, mais il est assez facile de remonter aux causes premières en laissant aux malades le temps d'exposer leurs doléances ; ils finissent toujours par apporter la lumière sur les cas les plus embarrassants ; et, la sagacité du médecin aidant, il arrive au point précis qui formera la base de son diagnostic.

C'est ainsi qu'on trouve des abus de régime, des écarts de tempérance, des excès génitaux, des fréquentations malsaines, des vices inavouables, des manquements à l'hygiène la plus élémentaire, etc., etc.

Le secret pour être bon médecin dans ces cas, c'est d'avoir la patience d'écouter son malade et d'avoir la perspicacité de trouver au milieu de ce fatras, le point de départ d'une névrose ; cela fait, il doit tout

tenter pour faire rentrer son client dans
l'ordre naturel d'une vie régulière ; alors il
pourra prescrire de l'eau claire avec succès,
ou mieux encore, un remède d'un nom
baroque à la trentième dilution, cela fait
bien sur l'imagination de ceux qui croient
en la médecine beaucoup plus que le médecin lui-même.

Parmi les plus puissants moyens qui ressortissent à l'hygiène et que nous avons à
notre disposition, citons l'hydrothérapie
d'une si puissante action sur le système
nerveux qu'elle fortifie et qu'elle calme
d'une façon magique. Tous les genres
d'hydrothérapie sont bons, depuis la simple
lotion générale vivement faite à l'aide d'une
éponge, jusqu'au drap mouillé, à l'arrosoir
de jardin et enfin à la douche savante que
nos hydrothéropathes manient avec tant
de succès.

Le séjour à la campagne est aussi très
puissant, mais il faut être loin des villes,
loin du bruit et profiter largement de l'air
et de la lumière qui exercent un rôle consi-

dérable sur les plantes
et un non moins grand
sur les gens et sur les
bêtes.

L'on ne soupçonne
pas à quel point la
grande lumière surtout
fait du bien, il n'est rien de comparable à
son action; c'est depuis qu'on a fait habil-
ler les Indiens que leur race s'éteint.

Nous voudrions voir des établissements
se créer partout, dans le but de hâler la
peau de nos chlorotiques, on les verrait bien
plus tôt et bien plus sûrement se guérir
qu'avec toutes les préparations ferrugineu-
ses inventées seulement pour noircir les
dents des clientes et blanchir la poche des
apothicaires.

L'avantage immense qu'on ressent après
une saison aux bains de mer ou après des
bains de rivière est surtout produit par les
effets de la lumière sur la peau; et, les
avantages seraient encore plus grands si au
lieu de porter d'élégants costumes de laine,

28.

qui ne laissent voir que très peu de peau, les femmes se préoccupaient mieux de leurs intérêts que de leur pudeur; c'est avec un éventail pour tout vêtement qu'elles devraient se promener en plein soleil, elles reviendraient dans la capitale un peu plus noires, mais combien leur sang serait plus rouge et leur santé meilleure.

Pas n'est besoin d'aller jusqu'à nos côtes normandes, il suffirait d'avoir, à quelques lieues de Paris, un endroit propice, abrité des vents pour que les dames s'y livrent à un sport élégant dans le costume de la Diane chasseresse; on les parquerait là par catégorie d'âge et d'embonpoint afin qu'elles ne médisent pas trop de leur prochain; ce serait peut-être le plus difficile à obtenir, mais on peut essayer. Quant aux hommes, une simple feuille de vigne suffirait toujours pour qu'ils s'entendent sans se mordre.

Il est encore de grandes lignes d'hygiène générale que nous pourrions esquisser, mais cela ne serait pas nouveau, et serait, dès lors, sans intérêt; du reste, tous les

médecins sont aptes à donner de bons conseils dans cet ordre d'idées; l'hygiène aujourd'hui a fait de tels progrès qu'on ne
peut être malade qu'autant qu'on ne
l'observe pas.

II

MÉDICATIONS INTERNES

PRÈS l'observance de l'hygiène générale et la mise en pratique d'une hygiène particulière pour chaque cas, il nous reste à parler des médications généralement employées contre les névroses.

La grande mode pendant ces trente dernières années a été l'emploi du bromure de potassium à des doses variables, mais, si l'on calmait merveilleusement l'excitation du système nerveux avec cet agent, celui-ci n'était pas toujours impunément administré ; sans parler du bromisme qui obligeait à cesser tout traitement, il se manifestait une telle stupéfaction du côté du cerveau qu'on arrivait à oublier son nom, la mémoire s'éteignait et ne reparaissait pas toujours.

C'est alors qu'on eut l'idée de modifier la base qu'on associait au brome et l'on prescrivit le bromure de sodium qui eut sa vogue ; puis vint le bromure d'ammonium ; et enfin, comme ces nouveaux sels étaient moins actifs que le bromure de potassium seul, on fit une association de ces trois sels sous le nom de polybromure ; ce fut pendant longtemps la seule médication des névroses quelles qu'aient été leurs formes.

Aujourd'hui, on semble abandonner cette médication qui ne répond pas à la logique des indications thérapeutiques ; car il est incontestable que c'est le brome seulement qui est le sédatif par excellence; les bases : potassium, sodium et ammonium n'avaient aucune raison d'être prescrites, elles n'étaient là que pour neutraliser l'acidité du brome qui ne pouvait pas être donné seul; en outre, ces bases n'étaient pas sans danger pour l'économie qui en était vite saturée sans besoin. On chercha donc de nouvelles bases moins inutiles, calmantes par elles-mêmes et pouvant se marier au brome; c'est ainsi que fut trouvé le bromure de camphre, qui devint un très puissant sédatif à une dose dix fois moindre que les sels de potassium et de sodium.

Le bromure de camphre est donc un excellent remède qui agit tout à la fois par le brome et par le camphre sur l'élément nerveux qu'il calme de la plus rapide façon; il est en outre beaucoup moins stupéfiant pour le cerveau que ne le sont les autres bromures et il semble ne pas altérer la mémoire, mais calme peut-être un peu trop les fonctions génésiques de qui s'en sert.

Dans ce même ordre d'idées, nous avons encore le bromure d'or qui est un calmant merveilleux[1] à la dose de quelques milligrammes et qui paraît être en même temps un très puissant tonique de la fibre nerveuse; il a cependant l'inconvénient d'être très instable, et, partant, très difficile à obtenir à l'état de pureté.

Mais il ne faut pas oublier que l'excitation nerveuse n'est qu'un des petits côtés de la névrose; que cette excitation n'existe même pas du tout dans la plupart de ces maladies; les calmants ne sont donc applicables qu'autant que l'élément nerveux st surexcité, mais, lorsqu'il est profondément altéré, c'est dans un régime spécial qu'on trouve un modificateur énergique, car dans ces cas, que viendrait faire un bromure, surtout lorsqu'il s'agit des affections de l'âme, des troubles de la raison ou des déviations affectives ?

On pourrait à la rigueur diviser les

---

[1] Voir Dr E. Goubert, mémoire à l'Académie de médecine (prix Barbier), 1888.

névroses en deux grandes catégories pour s'y reconnaître et nous aurions ainsi les névroses externes et les névroses centrales; les premières portant sur l'ensemble de la locomotion et du système nerveux provenant de la moelle; et les secondes, portant sur les sens ou sur l'intelligence provenant alors du cerveau proprement dit.

Mais malheureusement, ces maladies ne se laissent diviser que sur le papier, elles se refusent aux classifications arbitraires qu'on pourrait leur assigner, car les névroses, trop souvent, dépendent de l'ensemble de l'organisme et non pas d'une de ses parties. Il en est des névroses comme de la vieillesse, ce n'est pas tel ou tel organe qui est atteint de sénilité, c'est la machine tout entière qui a vieilli dans tous ses éléments.

Le médecin qui s'adonne à la spécialité des névroses doit donc se pénétrer tout d'abord qu'il est en face d'une tâche ingrate et difficile, qu'il n'aura pas trop de moyens

à sa disposition, qu'il ne doit rejeter par-
dessus bord aucun des éléments de thérapeutique propres à la cure qu'il entre-
prend; il doit être éclectique avant tout; il
doit puiser à pleines mains dans toutes les
doctrines, qu'elles soient orthodoxes ou
non, pourvu qu'elles guérissent; il doit
savoir que les maladies les plus graves en
apparence se sont guéries quelquefois par
l'arrivée d'une bonne nouvelle ou par un
changement favorable dans une situation
sociale; et, que les maladies morales se
guérissent bien mieux par la persuasion
que par des doses massives de substances
énergiques.

Le médecin qui s'occupe spécialement
de névroses doit donc s'attendre à la critique de ses chers confrères, qui le trai-
teront pour le moins de charlatan, parce
que ses formules sentiront le fagot, mais
peu lui importe, il sait ce qu'en vaut l'aune
et même le kilomètre; qu'il guérisse,
c'est tout ce que ses clients lui demandent,
peu importe qu'il emploie l'hygiène, l'allo-

pathie , l'homœopathie , l'homæodyna-
mie, la métallothérapie, l'hydrothérapie,
l'électricité, le magnétisme, le massage, la
musique, les remèdes Matteï-Sauter ou l'eau
de Lourdes, pourvu que ses clients soient
satisfaits et que sa conscience soit en repos.

CONCLUSION

ous avions rêvé un tout autre livre sur les névroses, mais nous avons dû refaire notre plan primitif au cours de cet ouvrage, nous avons trouvé la matière trop scabreuse à traiter, nous avons reculé devant la description des aberrations sensorielles et psychiques, ou du moins, nous n'avons fait qu'effleurer le sujet, nous bornant à écrire *des petites nouvelles* détachées, sans enchaînement logique, mais peignant bien chaque névrose en particulier.

Pour faire un traité d'ensemble conduisant de la première altération cellulaire en passant par toutes les phases de la lésion jusqu'à la destruction complète de l'élément nerveux, nous aurions dû être trop souvent technique et cela nous aurait aussi obligé à broder un roman avec la mise en scène de personnages fictifs, nous avons mieux aimé rester sur le terrain du procès-verbal pur et simple, la vérité y gagnera ce que l'intérêt romanesque y perdra.

En réfléchissant bien au sujet de ce livre, nous trouvons que la France est moins malade qu'on ne le croit généralement; nous avons bien nos névroses, mais combien grandes et profondes sont celles des peuples qui nous entourent si nous en croyons les *Pall mall gazettes* de tous les pays qui nous dénigrent de parti pris.

Nous n'avons à nos flancs que trois vers rongeurs : *les armées permanentes, notre matérialisme et le suffrage universel* tel qu'il fonctionne.

Ce sont là des maux qui ne sont pas sans remèdes ; le jour où nous le voudrons, nous laisserons les hommes à leurs champs et nous n'aurons plus sur le dos tous ces déclassés qui font la faiblesse d'une nation ; en revanche, il ne nous restera pas un coin de terre improductif ; les zones militaires elles-mêmes pourront être cultivées avec succès, les casernes se transformeront en *hôtels des invalides du travail* où tout homme âgé de soixante-cinq ans aura *droit* au repos, et les femmes à soixante ans.

Contre le matérialisme, la réaction est encore plus facile, nous avons tous dans le cœur le sentiment intime d'une croyance en Dieu et l'espérance d'une vie meilleure ; il suffit de ne pas étouffer les germes de notre foi touchant ces deux grands points pour qu'aussitôt nos fronts se dérident et que nous devenions meilleurs.

Il suffirait de s'entendre sur la meilleure des religions, celles-ci ne sont, à vrai dire, que des cultes différents rendus à un même Dieu sous des noms conventionnels ; nous choisirions celle qui nous fournirait la plus saine morale et les plus logiques espérances dans l'avenir, chacun s'y rallierait pour peu surtout qu'on élague avec soin les dogmes insensés qui ne s'accorderaient pas avec les progrès de la science moderne.

Avant l'unification de la solde et l'unification des langues nous demandons l'unification de la divinité ; Dieu pourrait ainsi devenir le fils adoptif d'un congrès. Il aurait alors ses temples, son culte et son budget, à la seule condition que ses ministres ne s'occupent que de morale, ne prêchent que l'espérance et ne pratiquent que la charité.

Quant au suffrage universel qui nous a montré son impuissance tel qu'il est, on peut en étendre bien plus efficacement les effets utiles en admettant que chacun par-

ticipera à la direction des choses de l'Etat
dans la proportion de ses charges, de son
degré d'instruction, ce qui serait justice.
Les actionnaires d'une Société ne votent
pas autrement.

Ces trois maux enlevés, notre belle
France redeviendrait prospère et ses névroses feraient l'exception.

HORS-D'ŒUVRE

Lors de la publication de ma thèse sur *la fécondation artificielle*, on me traitait carrément de *charlatan ;* l'immense succès de mon livre sur la *Stérilité dans les deux sexes,* m'a valu de n'être déjà plus qu'un *aimable farceur.*

Aujourd'hui, faisant paraître la *Grande Névrose* on m'accorde volontiers l'épithète de *vulgarisateur.*

Dans six mois je publierai le *Médecin de Madame,* c'est alors que je suis dans le cas d'être *quelqu'un ;* ainsi va l'opinion publique, son verdict est quelquefois cruel, mais il s'atténue assez vite pour qui n'a qu'un but : « instruire en amusant », et nous n'avons jamais eu d'autre prétention.

J'en dirai autant de mon ami et collaborateur José Roy qu'on avait défini : « le satyre du crayon », alors qu'on ne voit plus en lui qu'un crayon satirique (*castigat ridendo mores*). C'est mieux et c'est plus vrai.

TABLE DES MATIÈRES

DEUXIÈME PARTIE

PORTRAITS DE NÉVROSÉS

TROISIÈME PARTIE

NÉVROSES D'ORIGINE INTERNE

QUATRIÈME PARTIE

TRAITEMENT

ÉVREUX, IMPRIMERIE DE CH. HÉRISSEY